Dʳ FRÉDÉRIC LESUEUR

L'ÉGLISE ET L'ABBAYE BÉNÉDICTINE DE SAINT-LOMER DE BLOIS...

... BLOIS. 1925
IMP. J. ᴅᴇ GRANDPRÉ
13, RUE GALLOIS, 13

Dʳ FRÉDÉRIC
LESUEUR

L'ÉGLISE ET L'ABBAYE BÉNÉDICTINE DE SAINT-LOMER DE BLOIS

· · · BLOIS. 1925
IMP. J. ᴅᴇ GRANDPRÉ
13, RUE GALLOIS, 13

Extrait des *Mémoires de la Société des Sciences et Lettres de Loir-et-Cher*, t. XXV.

L'Église et l'Abbaye bénédictine

de

SAINT-LOMER DE BLOIS

INTRODUCTION

Pour le touriste qui visite la vallée de la Loire, pour
l'artiste qui en étudie les monuments, pour l'historien
qui s'attache aux souvenirs de son passé, Blois est une
ville de la Renaissance. N'est-ce pas d'ailleurs le
XVIe siècle qu'évoque spontanément toute cette région des « châteaux de la Loire » ? Et à Blois même, le
prestige et la séduction du château de Louis XII et
de François Ier, autant que le charme plus discret des
nombreuses maisons de la même époque, qui bordent
encore les rues escarpées et pittoresques de la vieille
ville, justifient pleinement cette impression première.
Les archéologues n'ignorent pas cependant qu'il existe
au pied même du château, non loin des rives de
la Loire, un monument beaucoup plus ancien et au-

quel ils n'attachent pas moins de prix : c'est l'ancienne église de l'abbaye bénédictine de Saint-Lomer (1), devenue aujourd'hui église paroissiale sous le
vocable de Saint-Nicolas.

Dans le vaste paysage que l'on découvre des terrasses du château, Saint-Lomer se dresse au premier
plan, parmi les maisons de la ville basse, au-devant
de la large vallée où la Loire étale ses eaux paresseuses
entre ses coteaux couverts de vignobles et de forêts ;
et lorsque, de la rive gauche du fleuve, le regard em-
brasse l'ensemble de la ville la vieille église bénédictine compose avec le château qui la domine un décor
d'une singulière grandeur. Mais, si nous approchons
de plus près les édifices qui se groupent en des en-
sembles si pittoresques, si nous étudions le caractère
de leur architecture, si nous analysons les émotions
qu'ils éveillent en nous, si nous évoquons des souvenirs, quel contraste entre ces monuments ! Tandis que
le château fait revivre à nos yeux tout l'éclat et le
faste de la cour des Valois, tandis que les vieux « hô-
tels » de Blois évoquent la vie brillante et mouvemen-
tée des riches bourgeois et des grands seigneurs, des
gens de robe, de finance ou d'église, qui gravitaient
autour de la royauté en ce début du XVIᵉ siècle, c'est
dans la paix du cloître que nous pénétrons à l'ombre
des voûtes de Saint-Lomer, et cette simple et robuste
architecture nous paraît empreinte d'un sentiment de
grandeur et de gravité, qui n'est pas sans doute l'apa-
nage exclusif de cette église, mais qu'accuse peut-être
davantage ici le voisinage des monuments de la Renais-

(1) Bien qu'on ait pris l'habitude depuis la fin du XVIIᵉ siècle
d'écrire « Laumer », nous croyons préférable de revenir à l'ortho-
graphe « Lomer » seule usitée antérieurement et étymologique-
ment plus rationnelle.

sance. Par l'histoire de sa construction, Saint-Lomer mérite d'ailleurs, nous le verrons, de retenir l'attention de tous ceux qui s'intéressent au développement de l'art roman et aux origines de l'architecture gothique dans la région de la Loire, et, par l'ampleur et la pureté de ses proportions, par la sobre et vigoureuse beauté de son ordonnance intérieure, il est digne de prendre place parmi les types les plus achevés de l'art religieux du XIIe siècle.

Ce monument cependant n'a jamais été l'objet d'une étude critique approfondie et n'a d'ailleurs pas inspiré une littérature bien abondante. Au XVIIe siècle, un moine érudit de l'abbaye de Saint-Lomer, dom Noël Mars, écrivit une histoire de son monastère (1). Mais, si ce travail est précieux pour nous, parce qu'il s'appuie sur de nombreux documents, dont beaucoup sont disparus, et qu'il rapporte d'autre part des faits, dont l'auteur fut témoin ou dont le souvenir n'était pas encore perdu de son temps, il ne traite qu'incidemment de l'histoire de l'église elle-même et les renseignements qu'il donne sur ses origines ne doivent être utilisés qu'avec beaucoup de circonspection. Vers le milieu du XIXe siècle, un vicaire de Saint-Nicolas, l'abbé Voisin, et un archéologue particulièrement attaché à cette église, Jules Laurand, publièrent chacun une monographie de ce monument (2) ; ces études, la

---

(1) *Histoire du royal monastère de Sainct-Lomer de Blois*, 1646, publiée par Dupré, Blois, Marchand, 1869.

(2) *Notice sur l'église Saint-Laumer autrement Saint-Nicolas de Blois présentée à la 4e section du 7e Congrès scientifique de France (session du Mans)*, par un membre de la Société française pour la conservation et la description des monuments historiques de France [abbé Voisin], Paris, Derache, 1840. — *Notice archéologique sur l'église abbatiale de Saint-Laumer de Blois*, par Jules Laurand, dans les *Mémoires de la Société archéologique de l'Orléanais*, t. II, 1853, p. 445.

seconde surtout, ne sont pas dénuées de tout mérite, mais ne pouvaient bien entendu tenir compte des progrès accomplis depuis cette époque par les sciences archéologiques. Enfin quelques courtes notices consacrées à Saint-Lomer dans des études d'ensemble sur la ville de Blois (1) et de beaux relevés architecturaux publiés par M. de Baudot (2) complètent la liste des travaux relatifs à ce monument, dont l'histoire est, comme on voit, à peine ébauchée (3).

Cette histoire, nous allons la retracer succinctement dans la première partie de cette étude, sans séparer dans cet exposé l'église elle-même de l'abbaye dont elle dépendait. Nous décrirons ensuite les différentes parties de l'église et du monastère, en examinant à propos de chacune d'elles, et notamment de l'église du XIIe siècle, les différents problèmes archéologiques que soulève l'étude de ce monument.

(1) Bernier, *Histoire de Blois*, Paris, Muguet, 1682, p. 38. — Bergevin et Dupré, *Histoire de Blois*, t. I, Blois, Dézairs, 1846, p. 515. — La Saussaye, *Blois et ses environs*, Paris, Aubry, 1882, p. 45. — Bournon, *Blois, Chambord et les châteaux du Blésois*, coll. des *Villes d'art célèbres*, Paris, Laurens, 1908, p. 69.

(2) *Archives de la Commission des monuments historiques*, publiées par A. de Baudot et Perrault-Dabot, Paris, Laurens et Schmid, s. d. [1898-1903], t. III, fasc. 9.

(3) Ce travail est cependant grandement facilité aujourd'hui par la publication de l'inventaire du fonds de Saint-Lomer aux archives de Loir-et-Cher, récemment terminé par M. Trouillard, archiviste départemental, qui a mis ainsi en lumière bien des points jusqu'ici inconnus ou mal connus de l'histoire de l'abbaye. Cf. *Mém. de la Soc. des Sciences et Lettres de Loir-et-Cher*, t. XXIV, p. 31. — Nous ajouterons que nous venons nous-mêmes de publier dans le *Bulletin monumental* t. LXXXII, 1923, sous le titre *L'église abbatiale Saint-Lomer de Blois*, un article dans lequel nous avons déjà analysé ce monument et développé quelques unes des opinions qu'on trouvera exposées ici.

I

HISTORIQUE

La fondation de l'abbaye (924) et la construction de l'église (XIIe et XIIIe siècles). — Vers l'an 873, au dire de dom Noël Mars, les moines bénédictins de l'abbaye de Corbion dans le Perche, fuyant avec le corps de saint Lomer devant les invasions normandes, se réfugièrent d'abord au Mans, puis à Blois (1). Ils reçurent asile au château de cette ville dans l'église Saint-Calais (2). Mais c'était là un lieu peu convenable à l'établissement d'un ordre monastique. Aussi en 924, si l'on en croit la charte de fondation de l'abbaye, le roi Raoul, à la prière du comte de Blois Thibault, dit Thibault-le-Tricheur, donna aux religieux de Saint-Lomer, pour construire leur monastère, l'église Saint-Lubin et le faubourg voisin, qui appartenait au fisc royal et qui a conservé pour cette raison le nom de faubourg du Foix (*suburbium de fisco*) (3).

---

(1) Noël Mars (*op. cit.*, p. 45, 92-93 et 280-281) paraît s'appuyer surtout sur la phrase suivante, qu'il tire, dit-il, « des vieux bréviaires manuscrits » de cette abbaye (*in die transl. Sancti Laumomari*) : « *Recedente vero præfato abbate* [Garnon, abbé de Corbion], *Saimo pastoralem suscepit providentiam qui, altiori usus consilio, quia Cænomanicæ civitati metuebat, Blesim beatum transtulit Launomarum* ». V. aussi Bernier, *op. cit.*, p. 13 et 38. L'un et l'autre donnent la date de 873 sans indiquer de référence.

(2) La chapelle du château de Blois porte encore le vocable de Saint-Calais.

(3) « ..... *Unde ego Radulphus rex, his et talibus dictis admonitus, necnon etiam penuria et longa fatigatione monachorum, qui de loco in locum jugati indecenter morantur in castello Blesensi, sursum in ecclesia sancti Carilephi in loco non apto neque congruo ordini monastico, do et concedo, precibus amici mei Theobaldi inclyti comitis palatii victus, sancto Launomaro et monachis ejus,*

Cette église Saint-Lubin était située à l'ouest de la ville, en dehors de l'enceinte fortifiée, *sub mœnibus Blesis castri*. Il est vraisemblable qu'elle se trouvait sensiblement au même endroit que l'église Saint-Lomer ; en effet, une rue de la ville, qui se dirige vers cette église, s'appelle encore « rue Saint-Lubin » et la porte de ville à laquelle elle aboutissait s'appelait la « porte Saint-Lubin ». On peut même préciser davantage : l'église Saint-Lubin occupait sans doute l'emplacement de la nef de l'église actuelle. Nous verrons, en effet, qu'en 1186 on transporta les reliques de la vieille église dans la nouvelle. La « vieille église » existait donc encore à cette date et par suite devait occuper l'emplacement des parties qui n'avaient pas encore été reconstruites, c'est-à-dire des premières travées de la nef.

Dom Noël Mars rapporte que « les religieux se résolurent de bastir seulement quelques petits lieux réguliers, et de se servir en attendant de l'église Saint-Lubin que le Roy leurs avoit donnée », qu'ils y célébrèrent l'office divin pendant 150 ans, au cours desquels ils jetèrent les fondements d'une nouvelle église, et qu'au XIe siècle (entre 1024 et 1100) on « travaillait fort et ferme » à ce nouvel édifice (1). Mais l'auteur,

ecclesiam sancti Leobini constructam sub mœnibus Blesis castri et fiscum contiguum ipsi ecclesiæ, ad construendam abbatiam.... » Charte de Raoul, roi de France, donnée à Lyon l'an 924. Cette charte, dont nous ne possédons pas l'original, a été publiée en entier dans la *Gallia christiana*, t. VIII, p. 412 ; Bernier, *op. cit.*, p. IV des preuves ; *Hist. de Fr.*, t. IX, p. 566 ; Noël Mars, *op. cit.*, p. 99 ; et est transcrite dans le Cartulaire de Saint-Lomer, ms. XVIIIe s. (Arch. dép. de Loir-et-Cher, 11 H. 128), p. 5. On a contesté naguère l'authenticité de ce document (Depoin, *Etudes préparatoires à l'histoire des familles palatines,* dans la *Revue des Etudes historiques*, 1908, p. 578), mais les arguments donnés en faveur de cette thèse, qu'il serait hors de propos de discuter ici, ne nous paraissent pas absolument démonstratifs.

(1) *Op. cit.*, p. 129 et 139.

contrairement à son habitude, ne citant aucun texte
à l'appui de son dire, il y a lieu de n'accepter ces renseignements qu'avec la plus grande réserve. Nous verrons plus loin ce que nous apprend à ce sujet l'examen
du monument.

Quoiqu'il en soit, l'église fut rebâtie au XIIe siècle
et cette reconstruction fut sans doute motivée par un
incendie du monastère survenu, selon la chronique de
Saint-Maixent, en 1114 (1). Les dates de cette campagne de travaux, qui nous valut la partie la plus importante de l'édifice actuel, nous sont connues avec
précision. La construction fut commencée le 25 avril
1138, par le comte de Blois Thibault IV. On lit, en effet,
sur un manuscrit ayant appartenu à l'abbaye de Saint-
Lomer la mention suivante ajoutée à l'encre rouge au
XIIe siècle :

« *Anno* Mo Co XXXo VIIIo *ab incarnatione Domini,
indictione I, epactis existentibus VII, in mense aprili,
eadem die luna existente XIIᵃ, XXᵃ Vᵃ die mensis, id
est VII. kalendas maii, quo scilicet die celebratur festum
sancti Marci euvangelistæ, cepta est fundari ecclesia
sancti Launomari Blesis, comite Theobaldo, tocius Franciæ regnum post regem ordinante, et communi tocius
eclesiæ utilitati feliciter consulente* » (2).

(1) « *Anno* M. C. XIIII..... *Cenobium sancti Launomari Blesi
castro igne consumptum est.....* ». *Chronicon Sancti Maxentii
Pictavensis*, Bibl. nat., ms. lat. 4892, fol. 205 v°, col. 1. — Phi-
lippe Labbe qui a publié ce texte dans sa *Nova bibliotheca ma-
nuscrpit. librorum*, t. II, p. 218, donne par erreur la date de 1014,
et les historiens blésois du XVIIe siècle (Noël Mars, *op. cit.*,
p. 165 ; Bernier, *op. cit.*, p. 40), bien que se référant à l'ouvrage
de Labbe, donnent la date de 1204. Il suffit de se reporter à
l'original pour replacer cet événement à sa date véritable.

(2) Bibl. nat., ms. lat. 7297, *Bedæ de temporum ratione
et Boetii de musica*, fol. 102 v° et dernier. Ce manuscrit est
du IXe ou Xe siècle. Au haut du premier feuillet on lit l'*ex-libris*
(XIIIe siècle) : « *Iste liber est ecclesie sancti Launomari* ». Ce texte
avait déjà été cité par Mabillon, *Ann. benedict.*, t. VI, p. 312
et 313.

D'autre part, nous savons que le 25 mai 1186 le comte Thibault V, assisté de l'abbé Hugues et de divers autres personnages, transporta solennellement les reliques de la vieille église dans la nouvelle (1). Il ne faut pas en conclure que l'église était entièrement achevée à cette époque, mais seulement qu'on en avait construit une partie assez importante pour qu'on puisse y célébrer le culte. Cette partie élevée de 1138 à 1186 comprend, nous le verrons, le chœur, le transept et la dernière travée de la nef.

Les travaux durent être alors suspendus pendant plusieurs années. Ils reprirent au commencement du XIIIᵉ siècle, époque à laquelle furent élevées les quatre premières travées de la nef, la façade et les tours. D'après dom Noël Mars (2), les religieux auraient « mis fin à leur église et bastimens » entre 1210 et 1218. Il se peut qu'on y travaillât à cette date, mais il nous paraît difficile de ne pas rajeunir un peu davantage la décoration du grand portail. En tout cas on peut admettre que dans son ensemble cette partie de la cons-

(1) « *Ego Theobaudus, Blesensis comes et Franciæ senescallus, notum facio tam futuris quam præsentibus, quod anno incarnationis MCLXXXVI die vigesima quinta mensis Maii, cum in basilicam Sancti Launomari convenissemus, Tritigensis* [ou *Vestigilensis*, ou *Fritigiensis*] *episcopus, et ego, et Aalip* [ou *Alix*] *comitissa, et Ludovicus filius noster, et abbates Hugo Sancti Launomari, et Raginaudus Pontilevien is, et R ginaudus Eleemosynæ, et quamplures alii venerabiles viri, ut corpora sanctorum beati Launomari et aliorum ibidem quiescentium de veteri in novam transferremus ecclesiam.....* » Charte du comte Thibault accordant certains droits à l'abbaye à l'occasion de cette cérémonie. Cette charte a été publiée avec quelques variantes orthographiques par Mabillon, *Acta sanct. ord. Bened.*, sœc. 4, part. 2, p. 249 ; Bernier, *op. cit.*, p. VI et VII des preuves ; Noël Mars, *op. cit.*, p. 158 ; et plus récemment par Porcher, pièces just. de l'*Histoire de Pontlevoy*, *Revue de Loir-et-Cher*, 1903, col. 161. Elle est transcrite dans le cartulaire ms., Arch. dép. de Loir-et-Cher, 11 H. 128, p. 52. Nous ne connaissons pas l'original.

(2) *Op. cit.*, p. 166.

truction date de la première moitié du xiiie siècle. Vers le même temps les bâtiments réguliers durent être reconstruits au moins partiellement. Nous verrons, en effet, que les vestiges d'un cloître du xiiie siècle subsistent contre le bas-côté sud et qu'un des anciens bâtiments de l'abbaye, voisin de la tour méridionale, date en grande partie de cette époque.

L'abbaye du XIIIe au XVIe siècle. — Nous avons dit que l'abbaye, située entre l'église et la Loire, se trouvait en dehors du mur de ville. Celui-ci, appelé « le mur le comte », s'étendait primitivement de la tour d'angle du château, dite tour du Foix, jusqu'à la Loire, perpendiculairement au fleuve. En 1284, la comtesse de Blois, Jeanne de Châtillon, avait autorisé les religieux à acquérir « totes les maisons, places, vergers et fonds de terres » situés à l'intérieur de la ville entre ce mur et une nouvelle rue qu'elle voulait ouvrir « entre les maisons et les places devant dites d'une part et les frères prêcheurs d'autre part » (depuis rue Madeleine et actuellement rue Robert-Houdin) ; et, pour leur permettre d'enclore ces nouvelles acquisitions dans leur abbaye, elle les avait autorisés à démolir le mur de ville et à le rebâtir le long de la rue nouvelle (1). L'abbaye restait donc en dehors de l'enceinte fortifiée.

Mais, après la bataille de Poitiers (1356), les Anglais

---

(1) Charte de Jeanne de Châtillon, comtesse de Blois, de juin 1284, Cartulaire ms., Arch. dép. de Loir-et-Cher, 11 H. 128, p. 141. — Des fouilles pratiquées récemment pour établir les fondations des nouveaux bâtiments de la maternité de l'Hôtel-Dieu, actuellement en cours de construction, ont mis à jour, en bordure de la rue Robert-Houdin, à 2 mètres au-dessous du sol de cette rue, d'épais massifs de maçonnerie, qui peuvent être les substructions du mur de 1284.

ayant envahi la région et menaçant la ville de Blois, on crut utile d'enfermer l'abbaye à l'intérieur des remparts. Le conseil du comte, entre autres mesures prises pour la défense de la ville, prescrivit qu'il serait « pourveu sanz délay d'une personne souffisent pour estre à Saint-Lomer, qui s'entremettra de fère fère les forteresses (1), tant comme ladite abbaie comprent, les fosséz, les allées, abbatre les mésons et toutes autres choses nuesables... » (2). Ces travaux de défense exigèrent la destruction de l'église paroissiale Saint-Pierre d'1 Foix, qui se trouvait sans doute sur l'emplacement ou dans le voisinage des ouvrages fortifiés qu'on élevait alors (3).

(1) Fortifications.

(2) Ordres donnés par le conseil du comte au capitaine de Blois pour organiser la défense de la ville, Bibl. mun. de Blois, arch. Joursanvault, rôles ,n° LVII, texte publié par M. Soyer, *Etude sur la communauté des habitants de Blois*, Paris, Picard, 1894, p. 125. Ce document n'est pas daté, mais la plupart des auteurs qui l'ont étudié l'attribuent aux années qui suivirent immédiatement la bataille de Poitiers et l'apparition des troupes ennemies dans le Blésois. Nous ne saurions en tout cas adopter l'opinion de M. Soyer, qui le croit postérieur à 1379. En 1361, en effet, une contestation s'éleva entre les moines et le comte Louis de Châtillon au sujet de la boucherie de l'abbaye, que le comte ne voulait pas tolérer à l'intérieur des murs de la « forteresse », « en laquelle forteresse, disait-il, est à présent mise et comprise notre dite abbaye par dedans la ville de Blois » (Cartulaire ms., Arch. dép. de Loir-et-Cher, 11 H. 128, p. 229.—Ce cartulaire a daté par erreur la charte de Louis de Châtillon de 1367, mais M. Trouillard a établi par la critique diplomatique de ce document que sa date réelle était le 17 mai 1361). La construction des fortifications de Saint-Lomer doit donc se placer entre septembre 1356 (date de la bataille de Poitiers) et mai 1361.

(3) « ... *demolitione S. Petri de Fisco quæ, propter eminentes nostri temporis guerrarum regni Franciæ commotiones dolorosas et insultus inimicorum dicti regni, ad tuitionem villæ Blesensis, et totaliter funditus destructa sit et disrupta...* ». Charte de Jean, évêque de Chartres, du 14 décembre 1362, unissant la paroisse Saint-Pierre du Foix (*prope S. Launomarum Blesensem*) à la paroisse Saint-Nicolas, publiée par Noël Mars, *op. cit.*, p. 214.

La nouvelle enceinte, qui se rattachait à l'est à celle de la ville, longeait au sud le bord de la Loire, ainsi que nous le montre notamment la vue de Blois dessinée en 1675 par Claude Maugier (1). La rive du fleuve était d'ailleurs loin d'occuper la même place qu'aujourd'hui ; les substructions du mur dont nous parlons subsis-

L'ABBAYE DE SAINT-LOMER EN 1675
d'après le dessin de Claude Maugier

tèrent, en effet, jusqu'en 1845 et les relevés qui en furent faits avant leur démolition (2) montrent qu'elles

(1) Cette vue très précieuse malgré l'incorrection du dessin appartenait à M. Laurand, à Blois. Il en existe au musée de Blois un bon calque exécuté par M. Trouëssart et une reproduction photographique.

(2) Par M. Pinault, architecte de l'Hôtel-Dieu, Arch. dép. de Loir-et-Cher, F. 414. En 1889, M. Dufresné, également architecte de l'Hôtel-Dieu, en posant des canalisations retrouva ces fondations et en fit un plan, dont une copie exécutée par M. Trouëssart est actuellement à la bibliothèque municipale de Blois.

diviseraient à peu près par le milieu la cour d'entrée actuelle de l'Hôtel-Dieu. L'angle sud-ouest était primitivement occupé par une tour carrée bien visible sur les vues cavalières de la ville de Blois du XVIe siècle. A l'ouest la courtine se dirigeait perpendiculairement au fleuve et allait rejoindre l'angle sud-ouest de l'église. On en retrouve des vestiges, nous le verrons, dans un bâtiment attenant au clocher sud et dépendant aujourd'hui de l'Hôtel-Dieu. Au nord enfin l'enceinte réunissait l'église à l'ancien mur de ville. Entre ces deux dernières portions des nouveaux remparts c'est l'église elle-même qui servait de défense à l'abbaye. Aussi les fenêtres du côté nord et les portails de l'ouest furent-ils murés au grand dommage de la décoration de ces derniers (1).

C'est aussi au XIVe siècle que la chapelle absidale de l'église fut remplacée par une chapelle neuve de plus grande dimension, dans laquelle Isabelle de France, fille de Charles VI et femme de Charles d'Orléans, devait être inhumée en 1409 (2). Mais nous ne saurions fixer la date exacte de cette modification (3).

A la fin du siècle suivant, le 23 août 1494, Guy Pot, gouverneur bailli de Blois, d'Orléans et de Tours, fonda pour y être inhumé, sous le vocable de Notre-Dame-de-Pitié, la petite chapelle située derrière la chapelle absi-

---

(1) Dom Noël Mars (*op. cit.*, p. 272 et 273) rapporte qu'en 1642 « le grand portail de nostre église... estoit bouché depuis trois cens ans ». Il mentionne aussi à cette date « les autres terrasses qui estoient derrière la nef, du costé du Foix » et les fenêtres bouchées en cet endroit.

(2) Noël Mars, *op. cit.*, p. 222.

(3) En 1384 un certain Jean Hamelin et sa femme demandent à « estre enterrez en ladicte église de Saint-Lomer ou lieu devant la chapelle Nostre-Dame » (Arch. dép. de Loir-et-Cher, 11 H. 39, pièce 46) ; mais nous ignorons s'il s'agit de la chapelle actuelle ou de la chapelle romane qu'elle a remplacé.

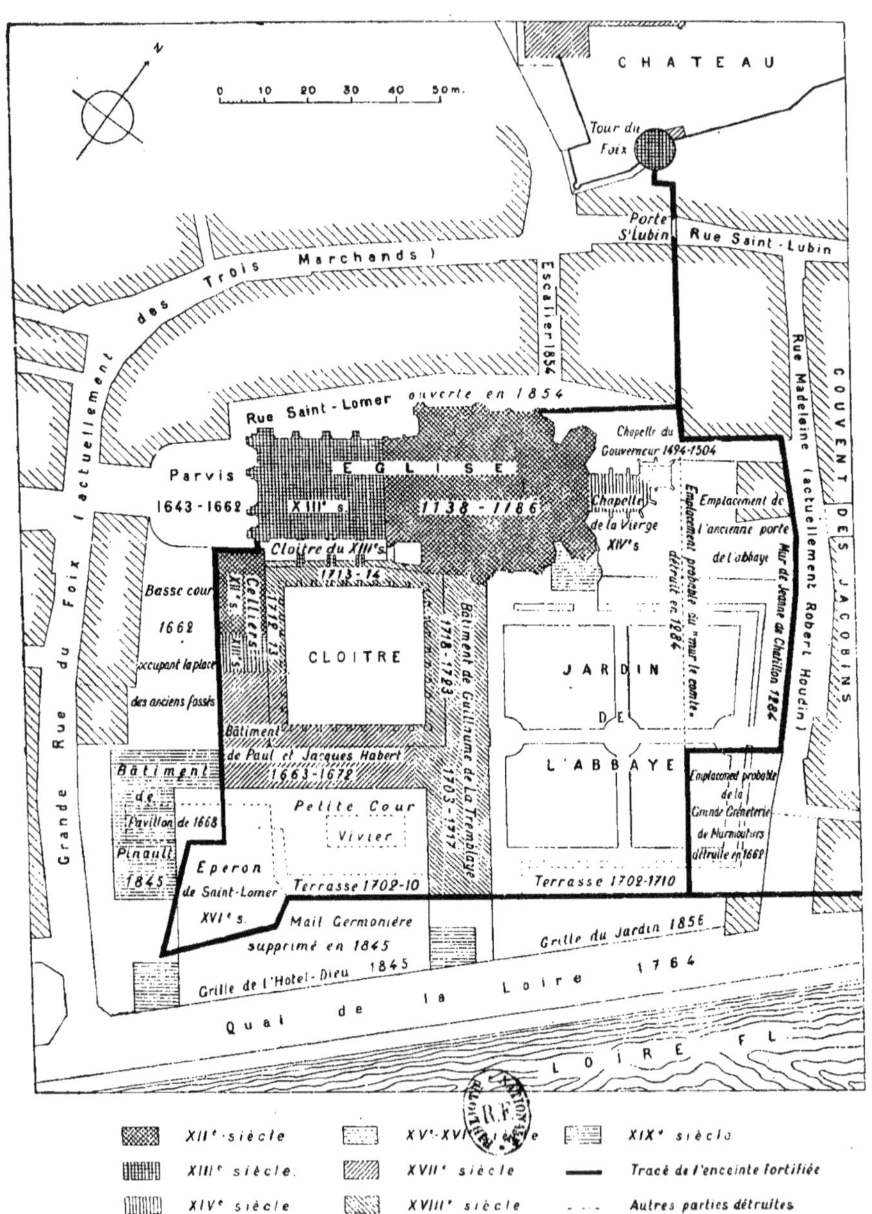

PLAN DE L'ABBAYE DE SAINT-LOMER

dale et communément connue sous le nom de *chapelle du gouverneur* (1). Elle fut bénite le 19 septembre 1504 par son frère, Louis Pot, alors abbé de Saint-Lomer (2).

Au XVIᵉ siècle l'abbaye fut mise en commende et les abbés commendataires choisis parmi les plus grands personnages de leur temps : Jacques Hurault, évêque d'Autun, François, cardinal de Tournon, Hippolyte d'Este, cardinal de Ferrare, son neveu Louis d'Este, et même la trop célèbre Charlotte de Beaune, marquise de Noirmoutier (3). L'abbaye comprenait alors de beaux et vastes bâtiments. Dom Noël Mars, qui les a vus après leur ruine, parle avec admiration de la grande salle capitulaire voûtée, du dortoir « qui prenoit depuis l'église jusque à la rivière », du réfectoire qui avait une chaire en pierre pour le lecteur (4), de la « belle grande cuisine voultée », des celliers, des greniers, de la boulangerie et du four qui étaient du côté du jardin, et surtout du cloître et de son « grand et vaste bassin de pierre couvert d'un obélisque à la façon d'un arc triomphant (*sic*) artistement élabouré, le tout à l'antique » (5). La porte principale de l'abbaye s'ouvrait sur la rue

(1) Cartulaire ms., Arch. dép. de Loir-et-Cher, 11 H. 128, p. 579.

(2) Noël Mars, *op. cit.*, p 240.

(3) *Id.*, p. 297 à 299.

(4) Ce réfectoire avait été élevé aux frais d'un certain Belin, ainsi qu'en faisait foi une inscription en vers latins tracée en caractères gothiques au-dessus de la porte et qu'a transcrite dom Noël Mars (*op. cit.*, p. 406) :

> *Est domus hæc tota de censu facta Belini*
> *In quâ nos edimus et qui veniunt peregrini,*
> *Hæc de Belini censu benefacta cœmenta...*

(5) Noël Mars, *op. cit.*, p. 406-407.

Madeleine, derrière l'abside de l'église (1). On l'appelait « le portail des trois morts et des trois vifs », parce
qu'on y voyait peinte cette célèbre légende si populaire à la fin du moyen âge (2). Près de cette porte,
l'abbé Louis Pot (1467-1505) avait fait bâtir un logis
abbatial (3). Jacques Hurault (1512-1546) fit « accommoder » celui-ci et construire « une belle grande
galerie sur la rivière, où estoient les infirmeries » (4).

Malheureusement, lorsque les huguenots prirent la
ville en 1568, ils saccagèrent l'église et l'abbaye. La
charpente de l'église fut incendiée et les voûtes effondrées ; ils tentèrent même, mais en vain, de « sapper
les pilliers » pour l'abattre de fond en comble. Les bâtiments réguliers furent entièrement ruinés (5). D'autre
part, la municipalité fit mettre l'année suivante un
corps de garde dans l'église, et y fit élever « ung petit
rempart pour mectre les arquebusiers » avec « des canonnyères entre deux de chaque pillier » (6). Il s'agit
là, croyons-nous, d'une construction en appentis, qui

(1) Cette porte et une partie du mur d'enceinte que l'avoisinait durent être détruits au XVIIe siècle. On lit, en effet, dans un
registre de l'abbaye intitulé : *Livre des choses mémorables qui se
sont passées dans le monastère de Saint-Lomer de 1641 à 1700*
(Arch. dép. de Loir-et-Cher, 11 H. 3) la mention suivante
(f° 65 r°) : « Dans ce mois de mars 1693..... on a démoli une maison qui restoit encore proche la chapelle de la Vierge et dont un
mur fut autrefois celuy de la ville, au bout duquel du costé du
jardin étoit une très grande porte de ville et qui avoit été la
porte du monastère assez longtems ».

(2) Arch. dép. de Loir-et-Cher, 11 H. 121, f° 26 v°, compterendu de la réception de l'abbé Guillaume Fouquet le 1er octobre 1607 : « Ledit sieur abbé... s'est présenté soubz le portal
que l'on appelle et où sont deppins les 3 mors et les 3 vivfz ».

(3) Noël Mars, *op. cit.*, p. 294.

(4) *Id.*, p. 297-298. V. la gravure du *Monasticon Gallicanum*.

(5) *Id.*, p. 242 et 270-271.

(6) C'est-à-dire : « entre chaque contrefort ». Délibération
municipale du 25 juillet 1569. Arch. comm. de Blois, BB2.

s'élevait au-dessus du collatéral nord, masquant les fenêtres hautes de la nef, et qui a subsisté jusqu'au milieu du siècle dernier (1). C'est sans doute aussi à la fin du XVIe siècle, quoiqu'aucun texte n'en fasse mention, que la tour carrée du moyen âge, qui occupait l'angle sud-ouest de l'enceinte fortifiée de l'abbaye, fut remplacée par un bastion, qui était pourvu d'une échauguette à son angle le plus saillant et qu'on appelait « l'éperon de Saint-Lomer » (2).

Restauration de l'église et reconstruction de l'abbaye aux XVIIe et XVIIIe siècles. — Le XVIIe siècle fut employé tout entier à relever de leurs ruines l'église abbatiale et le monastère. L'abbé Fouquet de La Varenne (1606-1616) fit rétablir la charpente de l'église et restaurer la grande rose de la façade (3), qui devait d'ailleurs être refaite à nouveau en 1661 (4). Le cardinal de Sourdis, qui lui succéda (1619-1629), ayant appelé à Saint-Lomer les bénédictins réformés de la congrégation de Saint-Maur (5), ce furent ceux-ci qui achevèrent la restauration de l'édifice. De 1642 à 1647 les voûtes, dont les clefs étaient « en péril de tomber estant toutes dégarnies », furent réparées et « regarnies

(1) Laurand, *op. cit.*, p. 456. Un relevé en a été fait au moment de sa démolition par M. Delton, Arch. dép. de Loir-et-Cher, T, monuments historiques, ville de Blois, église Saint-Lomer.

(2) V. la vue de Blois de Claude Maugier, citée ci-dessus, fig. p. 69, et daguerréotype du musée de Blois, très imparfaitement reproduit par Gervais dans *Blois passé et présent*, Blois, 1900.

(3) Noël Mars, *op. cit.*, p. 251 et 252 ; *Livre des choses mémorables qui se sont passées dans le monastère de Saint-Lomer de 1641 à 1700*, Arch. dép. de Loir-et-Cher, 11 H. 3, f° 7 r° et v° ; Arch. dép. de Loir-et-Cher, 11 H. 16, pièce 7.

(4) *Livre des choses mémorables....*, f° 11 v° ; registre des actes capitulaires de Saint-Lomer, Arch. dép. de Loir-et-Cher, 11 H. 12.

(5) Noël Mars, *op. cit.*, p. 258 à 266 ; Arch. dép. de Loir-et-Cher, 11 H. 11 et 11 H. 69.

de chaux et de sable, d'ogives et de pendans » (1) ; et
on doit reconnaître que, si le dessin de la grande rose
trahit la basse époque à laquelle elle fut exécutée, les
voûtes furent refaites assez fidèlement pour qu'il soit
impossible aujourd'hui de distinguer les parties neuves
des anciennes. En 1642 et 1643 le grand portail et les
fenêtres du bas-côté nord, qui étaient « muraillés et
terrassés » depuis la guerre de Cent ans, furent débou-
chés (2), et peu après on commença les travaux de la
petite place du parvis, qui ne furent achevés qu'en
1662 (3). En 1645 de « grandes murailles qui estoient
à l'entour du chœur » furent abattues et des stalles
pour les moines furent placées dans le carré du transept (4). En 1687 on éleva sur la tour centrale une
toiture terminée par une flèche de charpente qui devait être remplacée de nos jours (5). En 1698 on démo-
lit une flèche de pierre inachevée qui surmontait la
tour nord de la façade (6).

Le XVIIe siècle vit aussi reconstruire en grande partie l'abbaye. En 1626 et 1627 le cardinal de Sourdis,
pour recevoir les bénédictins de Saint-Maur, avait fait

---

(1) Noël Mars, *op. cit.*, p. 272 et 276 ; *Livre des choses mémorables....*, f°s 5 à 11 ; reg. actes capit., Arch. dép. de Loir-et-
Cher, 11 H. 12.

(2) Noël Mars, *op. cit.*, p. 272-273 ; *Livre des choses mémorables....*, f°s 1 à 7 ; reg. actes capit., Arch. dép. de Loir-et-Cher,
11 H. 12, f°s 24 à 29. L'autorisation d'ouvrir le portail fut donnée par Gaston d'Orléans dans un acte du 5 avril 1642 (publié
par Bergevin et Dupré, *op. cit.*, p. 518).

(3) Noël Mars, *op. cit.*, p. 276 ; *Livre des choses mémorables....*,
f°s 31 v° et 32 r° ; reg. actes capit., Arch. dép. de Loir-et-Cher,
11 H. 12, f° 68.

(4) Noël Mars, *op. cit.*, p. 276.

(5) *Livre des choses mémorables....*, f° 42 v° ; reg. actes
capit., Arch. dép. de Loir-et-Cher, 11 H. 12, f° 65.

(6) *Livre des choses mémorables....*, f° 83 v° ; journal des dépenses du cellérier de Saint-Lomer, Arch. dép. de Loir-et-Cher,
11 H. 109, f°s 91 r° et v^o et 93.

rebâtir « sur les anciennes murailles » le grand bâtiment qui s'étendait « depuis l'église jusqu'à la rivière » et y avait installé la salle du chapitre, le réfectoire, la cuisine et le dortoir (1). Ce bâtiment, qui se voit bien sur la gravure du *Monasticon Gallicanum* que nous reproduisons ici (p. 23), ne se trouvait pas exactement à l'emplacement de celui qui l'a remplacé, mais un peu plus à l'ouest, en face de l'angle sud-ouest du transept et de la dernière travée de la nef. C'est dans cette construction sans doute que fut inaugurée cette architecture à bossages que nous retrouverons dans les différents corps de logis élevés postérieurement.

Mais c'est seulement dans la seconde moitié du siècle que fut entrepris le monument beaucoup plus important qui subsiste encore actuellement. Les religieux se préoccupèrent d'abord d'acquérir les terrains dont ils avaient besoin pour l'exécution de leurs projets. En 1662 le roi concéda à l'abbaye, pour établir une « basse cour », le fossé qui longeait les anciens remparts « depuis l'espron jusqu'à l'esglise le long de nos greniers » (2), et l'on créa à l'extrémité de cette cour une nouvelle entrée du monastère s'ouvrant sur le parvis de l'église. La même année les moines achetèrent à l'abbé de Marmoutiers les bâtiments de la « grande gréneterie » de cette abbaye, qu'ils firent abattre et dont ils utilisèrent l'emplacement pour agrandir leur jardin et les matériaux pour élever leurs bâtiments (3).

(1) Noël Mars, *op. cit.*, p. 263 à 266 et 406 ; Arch. dép. de Loir-et-Cher, 11 H. 11, et 11 H. 69, f⁰ 1.

(2) Reg. actes capit., Arch. dép. de Loir-et-Cher, 11 H. 12, f⁰ˢ 95 à 114 ; cartulaire de l'abbaye pour le XVII⁰ siècle, *id.*, 11 H. 130, p. 409.

(3) *Livre des choses mémorables....*, f⁰ˢ 12 r⁰ et 15 r⁰ ; reg. des actes capit., Arch. dép. de Loir-et-Cher, 11 H. 12, f⁰ˢ 55 et 93 à 95 ; acte de vente, *id.*, 16 H. 6. La grande gréneterie de Marmoutier, « contenoit cent pieds de longueur avec une maison qui

La première pierre du nouvel édifice fut posée le 22 juin 1663 par Jean-Jacques Charron, seigneur de Nozieux et bailli de Blois, le beau-père de Colbert (1). Le projet, dont nous ne connaissons pas l'auteur, avait été approuvé dans le conseil général de l'ordre tenu à Saint-Benoît-sur-Loire en 1663 (2). Les travaux commencèrent par les bâtiments qui occupent le côté sud et une partie du côté ouest du cloître. L'exécution en fut confiée aux architectes Paul et Jacques Habert (3) En 1666 on posait les voûtes du « costé du cloistre proche le réfectoire » (côté sud) et de « l'allée de communication entre la cuisine et la salle des hostes ». En 1667 on voûtait le réfectoire (actuellement la chapelle de l'Hôtel-Dieu), la « petite despence », la cuisine (actuellement la salle des médecins de l'Hôtel-Dieu), la salle des hôtes (actuellement la pharmacie de l'Hôtel-Dieu) et une autre salle (cuisine actuelle de l'Hôtel-Dieu) « dans le retour du bastiment en tirant vers les

alloit le long des murailles » ; elle « joignait d'un long vers aval au jardin des religieux de Saint-Lomer et d'autre long vers amont à la rue de la Tupinière » et « abboutissait d'un bout vers galerne sur le jardin du deffunt sieur Nivelle, religieux infirmier de lad. abbaye, et d'autre bout vers solere sur les murs de la ville de Blois ». Elle était donc probablement située sur l'emplacement actuel du jardin de l'Hôtel-Dieu, vers l'angle de la rue Robert-Houdin et du quai, près de la « petite gréneterie » qui subsiste encore. C'est à cette « grande gréneterie » sans doute qu'appartenait un portail du xv⁰ siècle comprenant une porte charretière et une porte de piétons, qui s'ouvrait sur la rue Madeleine (Robert-Houdin), en face de la petite gréneterie et de la ruelle de la Tupinière, et dont les assises inférieures ont été récemment mises à jour lors de la démolition du mur du jardin de l'Hôtel-Dieu en bordure de la rue Robert-Houdin.

(1) *Livre des choses mémorables....*, fᵒˢ 14 vᵒ et 15.

(2) *Id.*, fᵒ 15.

(3) *Livre des choses mémorables......*, fᵒ 15 rᵒ. Il fut alloué à ces architectes une somme de 43.000 livres pour la maçonnerie, la charpenterie et la couverture. Une dépense totale de 70.000 livres était prévue pour cette campagne de travaux.

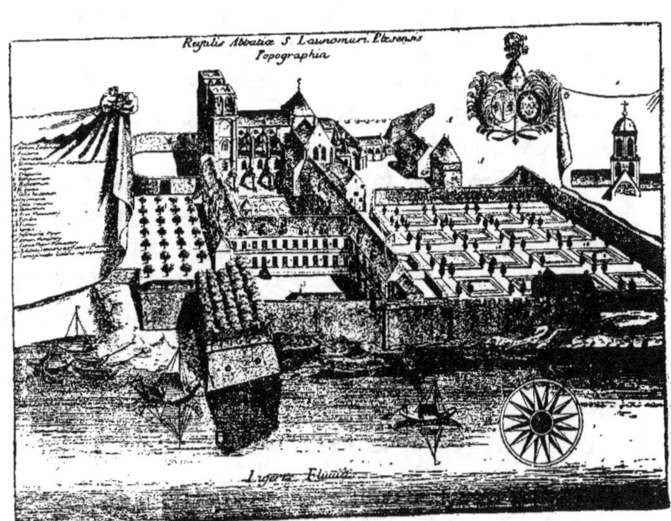

L'ABBAYE DE SAINT-LOMER VERS 1700

gravure du *Monasticon Gallicanum*

anciens greniers et celliers voûtés qui s'étendent le long de la fontaine jusques au parvis et portail de l'église ». En 1668 on élevait le pignon entre les bâtiments neufs et les « anciens greniers et celliers » et l'escalier qui s'appuie contre ce pignon. On bâtissait la même année un pavillon joignant « au boulevart ou esperon », pavillon qui a été démoli en 1845 (1). Les travaux étaient terminés en 1672 (2). Les bâtiments élevés par les frères Habert se voient d'ailleurs bien sur la vue de Blois dessinée en 1675 par Claude Maugier (fig. p. 15), ainsi que sur la vue générale de l'abbaye gravée pour le *Monasticon Gallicanum* (3), qui donne l'état des lieux vers la fin du xviie siècle et désigne avec précision l'affectation des différentes parties de la construction.

Les travaux ne furent repris qu'au siècle suivant. En 1686 cependant on avait construit une nouvelle porte monumentale « du costé de la ville devant celle des R. P. Jacobins », c'est-à-dire du côté de la rue Robert-Houdin actuelle, et près de cette porte un « auditoire pour rendre la justice », ouvrages qui ont disparu depuis (4). Mais c'est seulement au commencement du xviiie siècle que le cloître fut achevé par la construction de la galerie « du côté des offices » (côté ouest) en 1712 et 1713 et de celle « le long de l'église » (côté nord) en 1713-1714 (5), et qu'on rebâtit le grand corps

---

(1) *Livre des choses mémorables....*, f° 34.

(2) Le 7 octobre 1672 les religieux empruntaient mille écus pour payer divers marchands et ouvriers, « qui ont travaillé à achever le bastiment », et M. Habert, architecte du dit bâtiment. Reg. actes capit., Arch. dép. de Loir-et-Cher, 11 H. 13, f° 32 r°.

(3) Publié par Courajod, Paris, Liepmanssohn et Dufour, 1869, pl. 49.

(4) *Livre des choses mémorables....*, f° 42 r° ; *Monasticon gallicanum, loc. cit.*

(5) **Registre** des dépenses « de tous les bâtiments faits dans le monastère de Saint-Laumer » de 1702 à 1733, Arch. dép. de Loir-et-Cher, 11 H. 117. — En 1712, on passe marché pour « la

de logis en façade sur les jardins, qui ferme le cloître à l'est et s'étend de l'église à la Loire.

On eut recours pour ces importants travaux au célèbre architecte bénédictin Guillaume de La Tremblaye, que l'on fit venir de Caen, où il élevait à cette époque les vastes et somptueuses constructions de l' « abbaye aux hommes » (1). Le bâtiment faisant face au jardin, qu'il construisit dans l'abbaye blésoise et qu'on appelait alors « le dortoir », parce qu'il devait renfermer au premier étage le nouveau dortoir des religieux, remplaçait la construction plus étroite, mais de même étendue élevée en 1626, dans laquelle se trouvait le « vieil dortoir ». Les travaux, que les archives de l'abbaye nous permettent de suivre presque jour par jour, durèrent plus de vingt ans (2).

On commença par reconstruire la partie du bâtiment la plus voisine de la Loire. En 1703, on jetait les fondations « du grand escalier du côté du cloître », en 1704, celles « du dortoir dans la petite cour », c'est-à-

taille des piliers et pilastres du cloître du côté de nos offices ». En 1713, on jette « les fondations du cloître le long de l'église » et on pose « onze voûtes du cloître le long de nos offices ». En 1714, on pose « six voûtes du cloître le long de l'église ».

(1) Journal des dépenses du cellérier de Saint-Lomer, Arch. dép. de Loir-et-Cher, 11 H. 109, f⁰ 159 r⁰, 11 juin 1705 : « Donné à frère Guillaume La Tremblaye venu icy pour nos bâtimens, 8 l. » ; f⁰ 162 v⁰, 6 octobre 1705 : « Donné à frère Guillaume La Tremblaye pour son voiage venu de Caën pour nos bâtimens, cy 27 l. ». Registre des dépenses des bâtiments, Arch. dép. de Loir-et-Cher, 11 H. 117, f⁰ 6 v⁰. — C'est M. Trouillard, archiviste du département de Loir-et-Cher, qui, en signalant récemment ces documents, a mis en évidence le rôle joué par cet architecte dans la construction de l'abbaye de Saint-Lomer.

(2) Sur ces travaux, voir principalement : *Journal des choses remarquables* [de l'abbaye de Saint-Lomer], 1690-1777, Arch. dép. de Loir-et-Cher, 11 H. 4, f⁰ˢ 28 v⁰, 29 r⁰, 30 r⁰, 31 r⁰, 45 r⁰, 53 r⁰ ; registre des dépenses des bâtiments de 1702 à 1733, *id.*, 11 H. 117 ; et journal des dépenses du cellérier de Saint-Lomer, 11 H. 109 et 110. — La dépense totale pour tous les travaux de l'abbaye exécutés de 1703 à 1733 s'éleva à 172.678 livres.

dire de la partie du nouveau bâtiment longeant la petite cour (cour d'entrée actuelle de l'Hôtel-Dieu), en 1705, celles « du pignon du dortoir sur la rivière » et celles « des piliers de la salle sous le dortoir » (actuellement salle Saint-Laurent). De 1708 à 1710, on terminait la façade sur la cour et on élevait celle qui regarde le jardin. En 1711 et 1712 on posait les lucarnes, en même temps qu'on travaillait à la charpente du comble et à celle du clocheton qui le surmontait, dont la fleur de lys terminale fut posée en 1713. On aborda ensuite les travaux intérieurs. En 1713 on posait les soubassements des colonnes « dans le réfectoire nouveau » (actuellement salle Saint-Laurent). En 1715 on élevait les colonnes et les chapiteaux de la même salle, dont les voûtes étaient posées en 1716. Les « chambres du dortoir » (actuellement salle Corbigny) étaient construites et voûtées en 1716 et 1717. En 1717, toute « la moitié du dortoir du costé de la rivière » était « mise en état de recevoir les religieux ».

On entreprit alors la partie du bâtiment située du côté de l'église, celle qui s'élève entre le jardin et le cloître. En 1718 on achevait d'abattre « tout le vieil dortoir », ainsi que « la sacristie et le bâtiment dessus », construction qui s'élevait à l'angle sud-est du transept parallèlement au vieil dortoir. Puis on « commençait à continuer le dortoir [neuf], qui, ajoute le registre auquel nous empruntons ces renseignements, n'a point esté discontinué tant pour la massonnerie que pour la charpente et tout ce qui a esté nécessaire pour le rendre tel qu'il est avec deux costés du cloistre ». En 1720 les murs étaient achevés et on posait « la charpente de la seconde partie du dortoir ». De 1721 à 1723 on travaillait aux voûtes intérieures. En 1722 et les années suivantes on exécutait les travaux de carrelage et de menuiserie. En 1723 on posait la rampe de fer de l'escalier commandée trois ans auparavant au sieur Loche, serrurier à Nevers.

Les travaux se poursuivirent encore de 1723 à 1727, par la construction d'une infirmerie et, de 1729 à 1731, par celle d'écuries, qui ont disparu. En même temps que s'élevaient ces différents bâtiments d'importants travaux de terrassement et d'aménagement avaient été exécutés dans les jardins (1) et, de 1702 à 1710, le mur d'enceinte du côté de la Loire avait été démoli et remplacé par une terrasse (2). Il ne subsista plus des anciennes défenses du côté du fleuve que l'éperon, lui-même privé de ses créneaux et transformé en terrasse plantée d'arbres (3). La construction des quais de la Loire au cours du XVIIIe siècle devait d'ailleurs modifier considérablement l'aspect de l'abbaye de ce côté, en reculant de près de 40 mètres vers le sud la rive du fleuve, dont les eaux venaient battre auparavant les murs du monastère. Entre ces murs et la nouvelle levée il subsista pendant quelque temps « un fossé très profond et dangereux pour les voyageurs », que le roi céda en 1769 aux religieux à condition de le combler et d'établir une rampe pour accéder au port du Foix (4).

---

(1) Registre des dépenses des bâtiments, Arch. dép. de Loir-et-Cher, 11 H. 117. — En 1709 les religieux annexaient au jardin de l'abbaye un terrain joignant au dernier pilier du cimetière de l'Hôtel-Dieu, aux conditions de démolir en partie l'ancien mur de ville entourant ledit terrain et de faire construire un nouveau mur de clôture. Reg. actes capit. Arch. dép. de Loir-et-Cher, 11 H. 13, f° 202.

(2) *Journal des choses remarquables....*, f°s 28 v° et 29 r°, 29 v°, 42 r° et v°, et registre des dépenses des bâtiments, Arch. dép. de Loir-et-Cher, 11 H. 4 et 117.

(3) *Livre des choses mémorables....*, f° 74 r°.

(4) Cartulaire de l'abbaye, Arch. dép. de Loir-et-Cher, 11 H. 131, p. 352-354.

L'église Saint-Nicolas et les anciens bâtiments de l'abbaye de la Révolution à nos jours.

L'église Saint-Nicolas et les anciens bâtiments de l'abbaye de la Révolution à nos jours. — En 1697, lors de la création de l'évêché de Blois, la mense abbatiale avait été en partie réunie à celle de l'évêché (1). En 1791 les moines durent quitter leur abbaye. Le 2 avril 1791, une ordonnance de l'évêque constitutionnel Grégoire suivie d'un arrêté du directoire du département ordonnait la fermeture de l'ancienne église paroissiale de faubourg du Foix, Saint-Nicolas, située à flanc de côteau entre la rue Saint-Nicolas et les degrés Saint-Nicolas, et transférait le titre paroissial à Saint-Lomer, qui prit à partir de cette date le vocable de Saint-Nicolas. Pendant la terreur l'église fut fermée du 14 frimaire an II (4 décembre 1793) au 11 prairial an III (30 mai 1795) et son mobilier vendu les 17 nivôse et 16 germinal an II (6 janvier et 5 avril 1795). Le monument lui-même eut cependant peu à souffrir des troubles de cette époque (2).

Après la Révolution, les anciens bâtiments de l'abbaye devenus vacants furent affectés à l'Hôtel-Dieu, qui occupait précédemment le groupe de constructions où s'installèrent plus tard le théâtre municipal, l'école de garçons de la place Louis XII et l'école de dessin. Le transfert des malades eut lieu effectivement en vendémiaire an V (septembre-octobre 1796) et la nouvelle affectation fut rendue définitive par une loi du 22 frimaire an X (12 décembre 1801) (3).

---

(1) *Livre des choses mémorables....*, f⁰ˢ 50 à 76. *Gallia christiana*, t. VIII, *Instrum, eccl. Bles.*, col. 453.

(2) Arch. dép. de Loir-et-Cher, série L. — E. Develle, *Une paroisse de Loir-et-Cher pendant la Révolution, Saint-Nicolas de Blois*, grande imprimerie de Blois, 1919.

(3) Arch. dép. de Loir-et-Cher, X. 1 19. Néanmoins la portion du jardin de l'abbaye située derrière l'abside et où s'élève actuellement l'ancienne maternité avait été distraite du reste de l'immeuble et vendue comme bien national le 21 germinal

Au xixe siècle, l'aspect de la vieille abbaye bénédictine fut en partie modifié par d'importants travaux entrepris en 1845 sur les plans de l'architecte blésois Pinault, auquel succéda au cours de l'exécution J. de La Morandière (1). Le bâtiment formant le côté sud du cloître et faisant face à la Loire fut prolongé vers l'ouest et continué par une aile en retour d'équerre, symétrique de celle de Guillaume de La Tremblaye. L'éperon, le pavillon de 1668, qui lui était adossé, et la terrasse en bordure de la Loire, qui avait remplacé au début du xviiie siècle l'ancien mur d'enceinte, furent démolis. L'espace compris entre cette terrasse et le quai de la Loire, où avait été établi un petit mail dit « mail Germonière », fut réuni à la cour de l'Hôtel-Dieu. Celle-ci fut fermée par une grille établie le long du quai et terminée par deux petits pavillons servant de loge de portier et de « corps de garde ». Enfin le bâtiment formant le fond de cette cour fut orné en son centre par M. de La Morandière d'un motif d'architecture, au-dessus duquel fut transporté le campanile qui s'élevait auparavant au milieu de l'aile en façade sur le jardin. Ces travaux étaient achevés en 1847. La grille en bordure du quai fut prolongée le long du jardin en 1856. L'ancienne abbaye n'avait pas subi de modifications importantes depuis cette époque ; mais cette année même (1921) viennent d'être posées les fondations de constructions nouvelles (crèche et maternité), dont les plans sont dus à M. Amiot, architecte à Blois, et qui doivent s'élever au fond du jardin, en bordure de la rue Robert-Houdin.

an VI ; elle fut rachetée en 1865 par la ville qui la céda aux hospices de Blois en 1892. Cf. procès-verbaux de la Société des Sciences et Lettres de Loir-et-Cher, 7 avril 1922.

(1) Arch. dép. de Loir-et-Cher, F. 413, F. 414 (plans de Pinault) et X. 1 20.

Quant à l'église, classée comme monument historique, elle fut restaurée de 1843 à 1860 par M. Delton, puis de 1860 à 1874 par M. de La Morandière, de 1874 à 1908 par M. de Baudot et depuis 1908 par M. Grenouillot. La tour sud avait reçu en 1792 une toiture provenant de la tour de l'église démolie de Bourgmoyen. En 1848 M. Delton construisit sur la tour nord une flèche en pierre tendre assez médiocre. Le percement de la rue Saint-Lomer en 1854 dégagea le côté nord de l'édifice ; l'appentis qui surmontait depuis le XVIe siècle le collatéral septentrional de la nef fut détruit et les fenêtres de ce côté furent démasquées.

A peu près complètement interrompus de 1858 à 1875, les travaux furent ensuite activement repris par M. de Baudot. En 1877 celui-ci éleva sur la tour sud la haute flèche de charpente qu'on y voit aujourd'hui ; en 1899 la flèche de pierre construite un demi siècle auparavant sur la tour nord fut a son tour remplacée par une nouvelle flèche de charpente. Si ces travaux ont pu paraître d'une utilité contestable, on ne saurait par contre qu'approuver la restauration du chœur et du transept, dont les combles trop bas du XVIIe siècle furent, en 1879, 1885 et 1887, rétablis dans leurs dimensions primitives, suivant les indications laissées par les solins le long de la tour centrale. La flèche du XVIIe siècle qui surmontait cette tour fut aussi remplacée, en 1884, par celle qui existe actuellement. La charpente, les corniches et les pignons des chapelles rayonnantes et du déambulatoire furent restaurés à diverses reprises de 1884 à 1912. A l'intérieur, le chœur et le transept furent, de 1879 à 1883, débarrassés de la couche de badigeon dont toute l'église avait été enduite au XVIIIe siècle, et une colonne du chœur, dont la dégradation menaçait de ruine cette partie de l'édifice, fut habilement reprise en sous-œuvre.

Dans son ensemble cette restauration fut en somme relativement discrète, et l'excellente qualité des matériaux employés par les constructeurs du moyen âge, qui avait conservé intacts, non seulement le gros œuvre, mais encore la plus grande partie de la décoration, épargna à cette église les réfections de sculptures et les restitutions plus ou moins hasardeuses, dont eurent à souffrir tant d'autres monuments au cours du XIXe siècle (1).

II

L'ÉGLISE DU XIIe SIÈCLE — DESCRIPTION

Considérations générales. Plan et élévation intérieure. — Saint-Lomer, si l'on en excepte certaines additions postérieures, qui n'altèrent en rien la physionomie générale du monument, se compose, nous l'avons vu, de deux parties bien distinctes correspondant à deux grandes campagnes de travaux : une partie du XIIe siècle, la plus vaste et la plus importante par son intérêt archéologique comme par sa valeur architecturale, et une partie du XIIIe siècle, qui, sans égaler l'ampleur et la magnificence des grands édifices de cette époque, reste en parfaite harmonie avec l'œuvre du siècle précédent qu'elle devait compléter. C'est la première que nous allons étudier tout d'abord.

Cette portion de l'église appartient à cette époque dite, à tort ou à raison, « de transition », dans laquelle

(1) Arch. dép. de Loir-et-Cher, T, monuments historiques ville de Blois, église Saint-Lomer.

l'art roman, arrivé au terme de son évolution, dépouillé de toute trace d'archaïsme, en pleine possession de ses procédés de construction, ayant déjà couvert nos provinces de monuments qui font encore notre admiration par leurs vastes proportions et l'austère grandeur de leurs lignes architecturales, commence à adopter ces voûtes sur croisée d'ogives qui allaient transformer complètement l'art de bâtir. Cette époque si féconde est avant tout, comme l'époque romane elle-même d'ailleurs, dont il est sans doute assez arbitraire de la séparer, une époque de recherche et d'invention. « Le XIIe siècle, a dit fort justement Vitet, est novateur et incertain ». Le nouveau mode de voûtement était loin, en effet, d'avoir entraîné immédiatement toutes ses conséquences. En attendant, chaque maître d'œuvre, soit qu'il restât fidèle aux méthodes de construction purement romanes, soit qu'il eut recours avec plus ou moins d'hésitation et de timidité à ces voûtes d'ogives dont l'emploi n'avait pas encore profondément transformé l'aspect général des monuments, tentait d'apporter au problème commun une solution nouvelle, souvent heureuse, et chaque œuvre, en cette période de rapide évolution architecturale, présente un caractère de personnalité et d'originalité très marqué. Il en fut ainsi pour Saint-Lomer. En quoi cet édifice est-il tributaire des traditions romanes? quel parti l'ar. hitecte a-t-il tiré de l'emploi des voûtes d'ogives et en quoi cette église se montre-t-elle déjà « gothique »? quelle part d'originalité revient en propre au constructeur? quelle place en un mot occupe ce monument dans l'histoire architecturale d'une des époques les plus puissamment créatrices de l'art français? telles sont les questions qui se posent en abordant l'étude de la partie de la construction qui fera l'objet de ce chapitre.

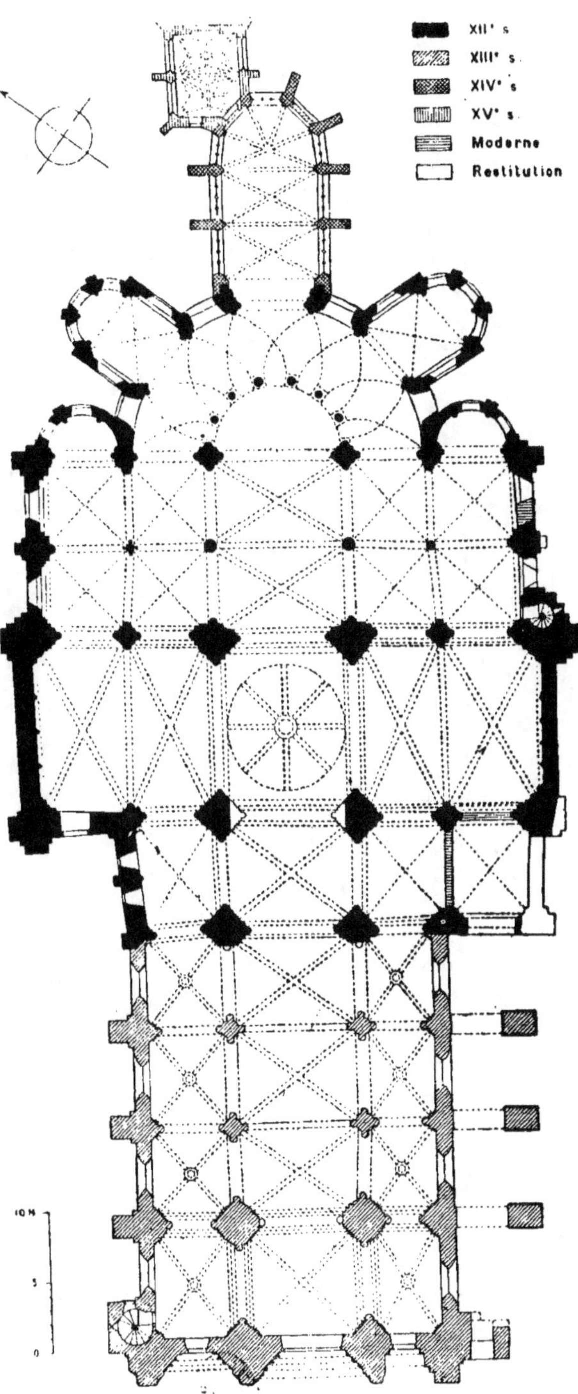

PLAN DE L'ÉGLISE DE SAINT-LOMER

Cette partie, sur laquelle se concentra uniquement toute l'activité des ateliers du XIIe siècle, comprend le chœur, le transept et la dernière travée de la nef. Il en était fréquemment ainsi. Il était logique, en effet, lorsque les ressources dont on disposait ne permettaient pas, comme c'était le cas le plus souvent, d'élever la totalité de l'édifice en une seule campagne de travaux, de commencer par le chœur et le transept, dans lesquels devaient être célébrées les cérémonies du culte, et il était nécessaire d'élever en même temps au moins une travée de la nef, pour contrebuter de ce côté la poussée des voûtes du transept.

Le plan du chœur de Saint-Lomer est assez particulier. Il existe, en effet, de nombreuses églises romanes dont le chœur est flanqué de plusieurs collatéraux se terminant chacun par une absidiole. Ce plan est particulièrement répandu dans les grandes églises bénédictines ; aussi a-t-il été étudié par M. Lefèvre-Pontalis sous le nom de « plan bénédictin » (1). Plus fréquent encore est le plan à collatéral simple se prolongeant autour de l'abside par un déambulatoire flanqué de chapelles rayonnantes. Or la disposition adoptée à Saint-Lomer est, en quelque sorte, un compromis entre ces deux combinaisons. Le chœur, qui comprend deux travées et se termine par une abside semi-circulaire, est flanqué de chaque côté d'un double collatéral. Les collatéraux extérieurs se terminent à l'est par une absidiole, tandis que les collatéraux intérieurs se continuent par un déambulatoire pourvu de trois chapelles rayonnantes. La chapelle médiane a été reconstruite

(1) *Les plans des églises romanes bénédictines,* **dans le** *Bulletin monumental,* 1912, p. 439.

au XIVe siècle ; les deux autres se composent d'une travée rectangulaire et d'une absidiole.

Ce plan avait d'ailleurs été déjà employé dans plusieurs églises romanes de la région située au sud de la Loire, comme Preuilly-sur-Claise (Indre-et-Loire) ou Airvault (Deux-Sèvres). Le plan de l'église de Fontgombault (Indre), une église bénédictine également, commencée en 1091 et consacrée en 1141 (1), offre

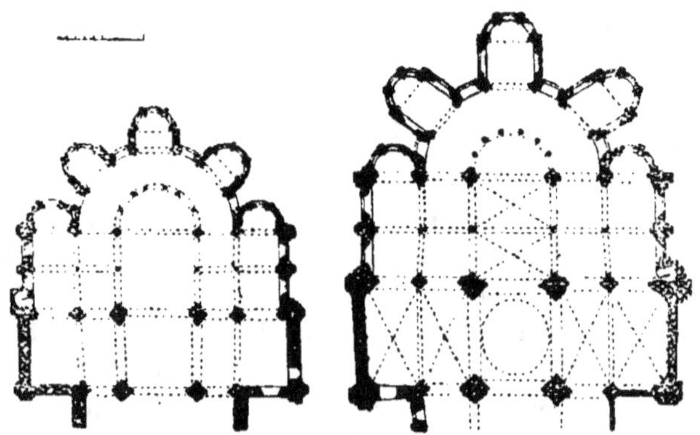

PLAN DU CHŒUR DE FONTGOMBAULT

ET DU CHŒUR DE SAINT-LOMER

une analogie particulièrement frappante avec celui de Saint-Lomer et pourrait avoir directement inspiré les constructeurs de l'église blésoise. Il n'y a pas lieu par contre, malgré les apparences, d'invoquer la similitude de plan avec le chœur de La Charité-sur-Loire (Nièvre), dont la déambulatoire à chapelles rayon-

(1) **Cf. Demenais,** *L'Eglise abbatiale de Fontgombault (Indre),* dans le *Bulletin monumental,* 1921, p. 91.

nantes est une addition du xiie siècle à un édifice du xie, qui en était primitivement dépourvu.

Le transept est sensiblement plus large que le chœur et la nef ; chacun de ses croisillons comprend deux travées de plan barlong correspondant aux deux collatéraux du chœur.

La dernière travée de la nef est flanquée actuellement, de chaque côté, d'un collatéral unique. Mais le plan primitif comportait un double bas-côté pour la nef comme pour le chœur, et la dernière travée de ce second collatéral a même été exécutée du côté sud. Les arcades, aujourd'hui murées, par lesquelles elle communiquait avec le croisillon méridional et avec le premier bas-côté sud de la nef sont, en effet, encore très apparentes à l'intérieur de l'église. Il subsiste d'ailleurs d'importants vestiges de cette travée bien visibles du dehors, mais à la vérité peu connus, parce qu'ils sont situés dans une partie de l'Hôtel-Dieu peu accessible au public. Il s'agissait bien là d'un double collatéral de la nef et non d'un collatéral occidental du transept, comme il en existe par exemple à Conques-en-Rouergue. On voit encore, en effet, à l'ouest de la travée détruite, une arcade indiquant l'intention qu'on avait de prolonger ce bas-côté le long du reste de la nef ; cette arcade devenue inutile fut agrandie et transformée en fenêtre au xive siècle. Ce projet de double collatéral paraît d'ailleurs avoir été abandonné au cours même des travaux et ne semble avoir reçu aucun commencement d'exécution du côté nord.

Notons enfin que Saint-Lomer, contrairement à la règle communément adoptée au moyen âge, n'a pas son abside dirigée exactement vers l'est, mais qu'il est orienté, comme la plupart des églises de Blois, parallèlement au cours de la Loire, c'est-à-dire vers le nord-est. Néanmoins, dans cette étude, nous continuerons pour plus de clarté à désigner les différentes parties de l'édifice comme s'il était orienté correctement.

Si, maintenant, au lieu de considérer le plan du monument, nous en étudions l'élévation intérieure, nous constatons tout d'abord qu'il est, suivant un usage qui tendait de plus en plus à prévaloir à cette époque et qui annonce déjà l'ordonnance des grands édifices gothiques, divisé en trois étages : un étage de grandes arcades, un étage d'arcatures tenant lieu de triforium et un étage de fenêtres hautes. Mais ici la division est particulièrement accusée et s'étend non seulement aux murs, mais encore aux piles elles-mêmes, entraînant une prédominance marquée des lignes horizontales sur les lignes ascendantes, d'où résulte cette impression de robustesse et de stabilité qui est un des caractères dominants de ce monument. Entre les grandes arcades et le faux triforium règne, en effet, une corniche à modillons qui contourne les piles et fait tout la tour de l'église. D'autre part les piles sont coupées entre l'étage du faux triforium et l'étage des fenêtres par une ligne de chapiteaux, qui interrompent d'autant plus les lignes verticales de la construction que les deux portions de piles qu'ils séparent offrent un plan notablement différent. Les retombées des voûtes, par contre, ne sont marquées le plus souvent que par une imposte peu apparente. Nous verrons quelles conclusions on peut tirer de ces dispositions pour l'histoire de la construction du monument.

Le chœur. — Si ces considérations générales s'appliquent à toutes les parties de l'église construites au xII^e siècle, chacune d'elles : chœur, transept, dernière

COUPE LONGITUDINALE DE L'ÉGLISE DU XIIᵉ SIÈCLE

De Baudot del.

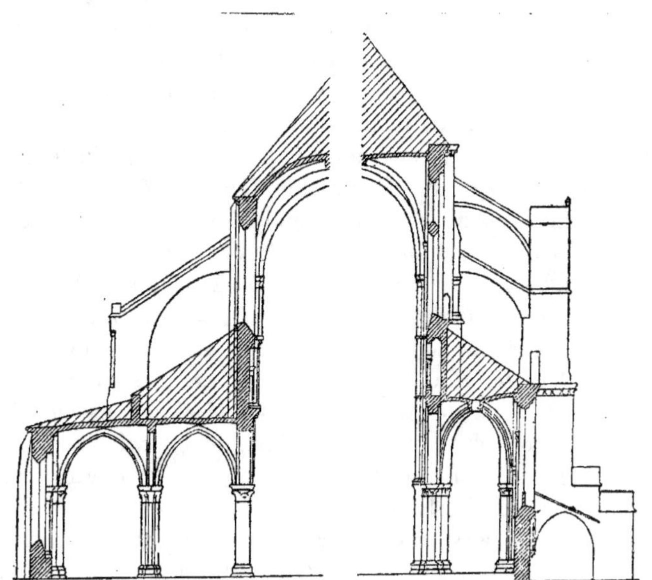

COUPE D'UNE TRAVÉE DU CHŒUR, XIIe S.   ET D'UNE TRAVÉE DE LA NEF, XIIIe S.

travée de la nef, présente des dispositions particulières que nous allons examiner successivement.

Le chœur comprend, nous l'avons vu, deux travées. Ses grandes arcades en tiers-point à double archivolte moulurée reposent du côté du transept et du côté de l'abside sur des piliers à ressauts rectangulaires cantonnés de colonnettes. Le pilier intermédiaire est au contraire monocylindrique. Du côté sud le fût de cette colonne était primitivement monolithe, mais a du être remplacé de nos jours par une pile de plusieurs assises comme celle qui existait déjà du côté nord. Les sept arcades de l'abside, moulurées et ornées de dents de scie, sont beaucoup plus étroites que celles du chœur ; aussi, pour leur permettre d'atteindre le même niveau que celles-ci, a-t-on dû, par un procédé fréquemment employé, leur donner un tracé fortement surhaussé. Elles reposent sur six minces colonnes formées chacune de deux ou trois assises posées en délit ; ces colonnes sont de diamètres assez sensiblement différents, sans qu'on puisse noter cependant une alternance absolument régulière.

Le faux triforium est formé d'arcatures en tiers-point ornées de moulures et de dents de scie et reposant sur des colonnettes engagées. Ces arcatures sont au nombre de trois dans chaque travée du chœur. Dans l'abside il y en a huit, qui ne correspondent par conséquent ni aux arcades de l'étage inférieur, ni aux fenêtres qui les surmontent ; là encore les lignes ascendantes sont manifestement coupées par les divisions horizontales de l'ordonnance.

Mais le faux triforium est surtout intéressant par la présence à sa base de cette corniche à modillons que nous avons déjà signalée. Il s'agit en réalité d'une véritable galerie de circulation, fort étroite à la vérité, mais permettant de faire tout le tour de l'édifice et comparable jusqu'à un certain point à la galerie des triforiums gothiques. Mais, tandis qu'au XIIIe siècle le chemin de ronde est ménagé dans l'épaisseur du mur, en arrière des arcades qui le mettent en communication avec la nef, et passe à travers les piles, la coursière est établie ici en encorbellement, au-devant d'arcatures purement décoratives, et contourne les piliers, qui présentent à ce niveau un léger retrait pour rendre le passage plus facile (1). C'est là d'ailleurs une disposition fort exceptionnelle, inspirée peut-être des galeries qui règnent à la base des fenêtres à la cathédrale d'Angers ou à l'église de la Couture du Mans, plus semblable toutefois à celles de la cathédrale de Tulle, de l'église Saint-Sauveur de Figeac (Lot) et de l'église de Saint-Amand de Coly (Dordogne), établies comme celles-ci au-dessus des grandes arcades, mais non devant un faux triforium.

L'étage du faux triforium est séparé de celui des fenêtres par un boudin, qui prolonge sur le nu des murs les tailloirs des chapiteaux des piles, situés, nous l'avons vu, à ce niveau. Les fenêtres hautes du chœur, en tiers point et encadrées de moulures et de dents de scie, sont d'assez grandes dimensions, mais encore uniques dans chaque travée. Les fenêtres de l'abside, moins élevées que celles du chœur, sont au nombre de cinq ; elles correspondent aux cinq arcades centrales de l'étage inférieur, mais non aux arcatures du faux triforium.

(1) Deux rangs d'anneaux métalliques sont scellés dans les piliers au-dessus de cette coursière. Ils sont destinés à se tenir quand on passe sur celle-ci soit debout, soit à genoux, et non, comme on l'a dit (Noël Mars, *op. cit.*, p. 414 ; Bergevin et Dupré, *op. cit.*, p. 517 ; abbé Voisin, *op. cit.*, p. 47), à accrocher des tentures.

Les deux travées du chœur sont couvertes de voûtes d'ogives. Aux deux extrémités, du côté du transept et du côté de l'abside, les colonnettes engagées sur lesquelles retombent ces voûtes partent de la base de l'édifice. Au niveau de la pile intermédiaire la disposition est différente. Le faisceau de colonnettes sur lequel se fait la retombée ne descend pas au-dessous de l'étage des fenêtres ; au niveau du faux triforium il est remplacé par un faisceau plus grêle d'un dessin différent, et au-dessous de la coursière par un simple tronçon de colonnette reposant sur un cul-de-lampe. Il

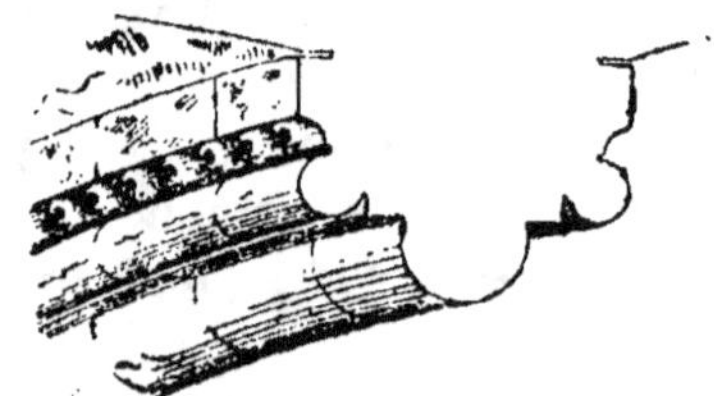

COUPE D'UNE OGIVE DU CHŒUR

y a là une série de tâtonnements et d'hésitations, trahissant non seulement l'inhabileté de l'architecte à relancer franchement les supports de ses voûtes d'ogives, mais sans doute aussi des modifications apportées au cours des travaux.

Les voûtes d'ogives du chœur présentent des caractères d'archaïsme très marqués. Elles sont fortement bombées, de sorte que leur poussée ne s'exerce pas uniquement sur les croisées d'ogives, mais en partie sur les arcs doubleaux et surtout sur les murs latéraux. Elles sont, d'autre part, dépourvues de ces arcs formerets que les architectes gothiques prirent coutume, un peu plus tard, d'appliquer au point de jonction de leurs voûtes et des murs. Enfin les nervures présentent un profil à trois tores d'une grande lourdeur. Le constructeur, qui se montrait encore aussi inexpérimenté dans l'emploi des voûtes gothiques, y a renoncé pour l'abside, qu'il a couverte d'un traditionnel cul-de-four roman.

Les collatéraux du chœur, le déambulatoire et les chapelles rayonnantes. — Pour les parties basses de l'édifice on avait d'ailleurs eu recours exclusivement aux anciens procédés de voûtement et, si le chœur est déjà en partie gothique, ses collatéraux, ainsi que le déambulatoire et les chapelles, sont encore entièrement romans. Les doubles bas-côtés du chœur sont couverts de voûtes d'arêtes. Ils forment, de chaque côté du sanctuaire, un ensemble de quatre travées de plan sensiblement carré disposées autour d'une colonne centrale. Du côté sud cette colonne est monolithe. Du côté nord elle est flanquée de quatre colonnettes en délit : c'est déjà le plan des piles de Laon, de Noyon, etc., qu'on est un peu surpris de rencontrer dans cet ensemble roman et qu'on serait peut-être tenté d'attribuer à une réfection postérieure, si le style des chapiteaux n'attestait l'ancienneté de cette disposition. Dans les arcs qui rayonnent autour de cette colonne et séparent les voûtes entre elles, on retrouve, par contre, le profil un peu archaïque à trois tores des ogives du chœur. Les collatéraux extérieurs sont éclairés, assez faiblement à la vérité, par des fenêtres en tiers-point dont les archivoltes retombent sur des colonnettes et des pieds-droits rectangulaires ; ces fenêtres ont d'ailleurs été quelque peu altérées par les restaurateurs, principalement du côté sud. Néanmoins, cette partie de l'église, par son originale disposition architecturale, par les heureuses perspectives ménagées entre ses piliers tant sur le chœur et le transept que sur le déambulatoire et l'absidiole qui la continuent vers l'est, par le contraste entre la pénombre recueillie qui règne sous ses voûtes et la lumière qui baigne les grandes nefs, est une de celles où apparaît le mieux toute la variété d'effets dont cet art était susceptible.

Les absidioles qui terminent les bas-côtés extérieurs s'ouvrent sur ceux-ci par un arc brisé à double archivolte reposant sur des colonnettes engagées. Ces absidioles, voûtées en cul-de-four, sont décorées de trois arcatures en plein cintre, dont l'une est aveugle et les deux autres percées de fenêtres. L'absidiole méridionale a malheureusement subi une restauration fâcheuse au cours du siècle dernier.

Le déambulatoire est une des parties les plus heureusement conçues de tout l'édifice. Les six belles colonnes du rond-point, entre lesquelles on découvre les hautes perspectives du chœur, forment là, malgré la regrettable grille Louis-Philippe qui les réunit, un ensemble aussi remarquable par la pureté des proportions que par l'habile arrangement des lignes architecturales. Extérieurement, quatre fenêtres en tiers-point flanquées de colonnettes alternent avec les chapelles rayonnantes. Un bandeau orné de dents de scie règne au-dessous des fenêtres tout autour du déambulatoire et des chapelles. Le déambulatoire est couvert de voûtes d'arêtes, ainsi qu'il était encore d'usage dans beaucoup d'édifices de cette époque, malgré les difficultés de tracé de ces sortes de voûtes sur une galerie tournante et l'avantage manifeste d'utiliser ici la voûte d'ogives. Ces voûtes, dépourvues d'arcs doubleaux, retombent d'un côté sur les six colonnes du rond-point et de l'autre sur six colonnettes engagées entre les fenêtres et l'entrée des chapelles.

Les chapelles rayonnantes comprennent une travée rectangulaire couverte d'une voûte d'arêtes retombant sur quatre colonnettes d'angles et une absidiole voûtée en cul-de-four. La travée rectangulaire est éclairée par deux fenêtres en tiers-point et l'absidiole par trois fenêtres plus petites en plein cintre, les unes et les autres flanquées de colonnettes. La chapelle méridionale, pour des raisons actuellement difficiles à déterminer, est sensiblement plus inclinée sur l'axe de l'édifice que celle du nord et présente en plan un gauchissement assez marqué. Les fenêtres de cette chapelle ont malheureusement été aveuglées par la construction d'une sacristie moderne. Quant à la chapelle médiane primitive, nous avons vu qu'elle avait été détruite au xive siècle (1) ; mais il faut noter qu'elle était déjà, suivant l'usage qui devait prévaloir à l'époque gothique, de dimensions plus grandes que les deux autres.

Le transept. — Le transept mérite d'attirer particulièrement l'attention. C'est la partie la plus vaste du monument, celle où les proportions atteignent le plus d'ampleur, et la croisée centrale, autour de laquelle rayonnent toutes les autres parties de l'église, présente des dispositions d'un caractère fort original.

Cette croisée est cantonnée de quatre gros piliers flanqués de colonnettes et interrompus, comme toutes les autres piles de l'édifice, par la coursière à modillons et par la rangée des chapiteaux placés, ainsi que nous l'avons déjà signalé, bien au-dessous de la retombée des voûtes. Ces piliers portent les quatre grandes arcades

______

(1) La chapelle romane a été restituée sur le relevé de M. de Baudot que nous reproduisons dans cette étude.

en tiers-point qui séparent la croisée elle-même des bras du transept, du chœur et de la nef. Les deux premières ont une double voussure moulurée. Les deux autres présentent en outre, du côté de la croisée, une troisième archivolte sur laquelle nous aurons à revenir dans la suite. Enfin le tout est surmonté d'une coupole, ou plutôt d'une lanterne centrale, qui donne à cette travée et au monument tout entier sa véritable originalité.

L'architecte, en effet, s'inspirant à la fois de la coupole sur pendentifs enfermée dans une tour extérieure, qui surmonte le carré du transept de tant d'églises romanes du Sud-ouest, et de la lanterne centrale de certains édifices de la même région, mais modifiant ces conceptions romanes traditionnelles par l'emploi des procédés de voûtement gothiques, prit le parti de disposer, à l'intérieur d'une tour centrale rectangulaire, une lanterne circulaire à voûtes d'ogives établie sur pendentifs, de l'effet le plus hardi et le plus monumental.

Le tracé circulaire d'une coupole s'adaptait cependant assez imparfaitement au plan de cette travée, qui n'est pas exactement carré par suite de la différence de largeur entre la nef et le transept. Aussi, tandis que celle-ci affleure le sommet des grands arcs du côté des croisillons, les pendentifs se réunissent-ils deux à deux par une large surface du côté de la nef et du chœur. Ces pendentifs sont ornés de niches abritant des statues ; mais celles-ci ont subi une restauration malencontreuse au XVIIe siècle, et deux figures d'évêques notamment ont alors reçu des mitres et des crosses tout à fait étrangères à l'art du XIIe siècle (1).

(1) D'après le *Livre des choses mémorables*...., f° 8 r°, elles auraient été « refaictes et peintes » en 1645. Bien que la hauteur à laquelle elles sont placées rende leur étude assez difficile, il semble bien qu'elles n'aient subi que des restaurations partielles. — A Conques les trompes de la lanterne centrale sont également ornées de statues.

Cl. Dr Lesueur.

CHŒUR ET CARRÉ DU TRANSEPT

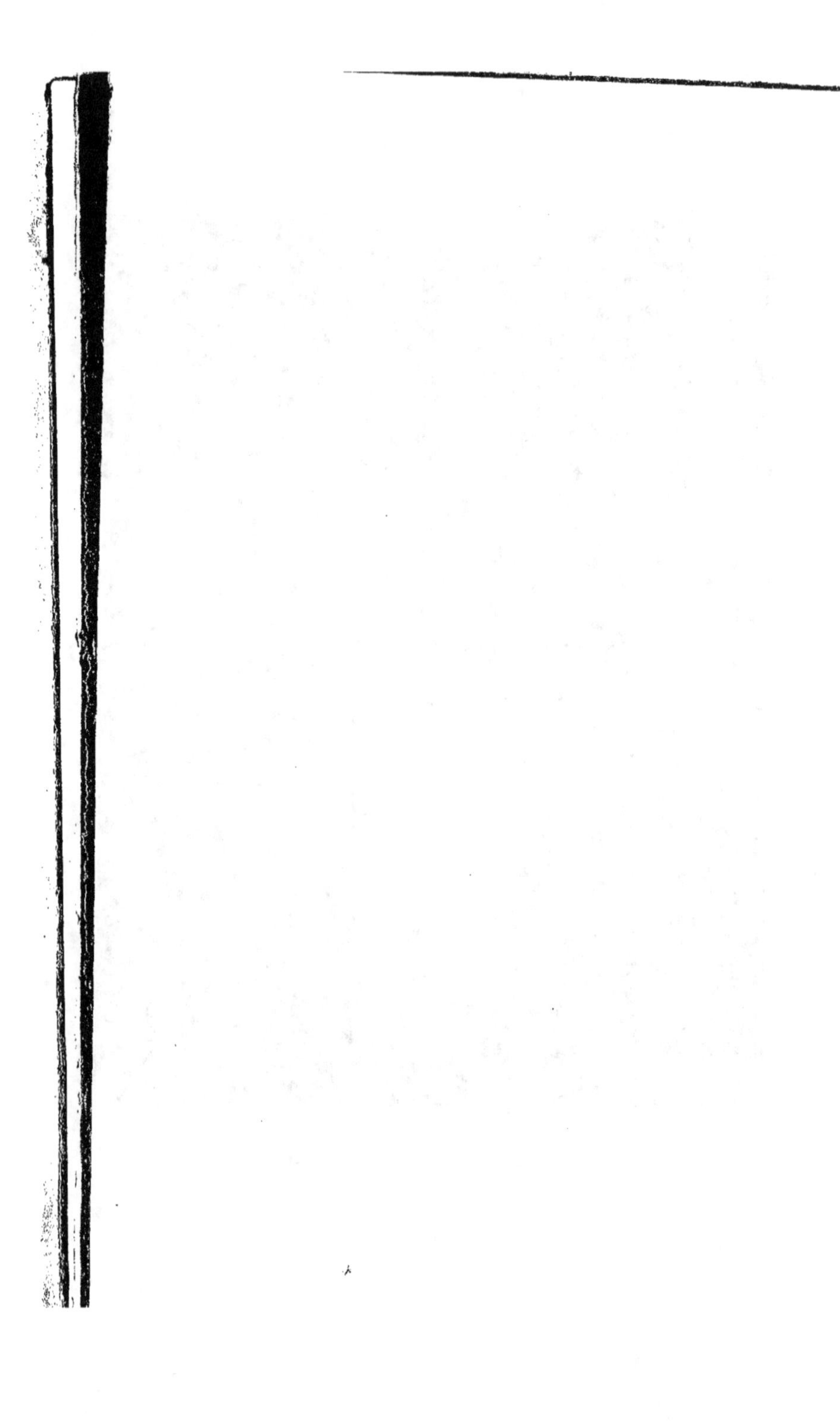

La coupole elle-même est comparable aux voûtes employées dans les tours rondes des châteaux de l'époque gothique. Elle est formée de huit voûtins reposant sur huit branches d'ogives, celles-ci correspondant au sommet des quatre grands arcs et au milieu des pendentifs et convergeant vers une large clef centrale ajourée. Chaque voûtin circonscrit sur les parois de la lanterne une lunette ornée de deux arcatures jumelles séparées par une colonnette. La plupart de ces arcatures sont aveugles ; quatre seulement sont percées d'une fenêtre qui reçoit le jour fort indirectement, à travers les murs épais de la tour rectangulaire dans laquelle est enfermée la coupole. Aussi cette « lanterne », loin d'éclairer le reste du monument, paraît-elle elle-même fort sombre.

Des dispositions analogues furent adoptées vers la même époque dans plusieurs églises du Midi de la France (1) et de l'Espagne (2), mais ne se propagèrent pas au-delà du XIIe siècle, les hautes tours-lanternes gothiques ne pouvant nullement leur être comparées. La lanterne centrale de Saint-Lomer continua cependant à jouir d'une juste renommée, et au XVIIe siècle même, alors qu'on s'intéressait si peu à l'art du moyen âge, dom Noël Mars (3), l'historien de l'abbaye, n'hésitait pas à renchérir sur cette appréciation et s'écriait : « N'avez-vous jamais considéré ce dôme ou lanterne si artistement élabouré, que tous les

______

(1) Mais avec des trompes au lieu de pendentifs : Saint-Sernin de Toulouse, cathédrale de Tarbes, Saint-Savin (Hautes-Pyrénées). L'église de Nouaillé (Vienne) a aussi une coupole à huit branches d'ogives sur trompes, mais dans le narthex et non au carré du transept.

(2). Ancienne cathédrale de Salamanque, cathédrale de Zamora. On y retrouve les statues décorant les pendentifs.

(3) *Op. cit.*, p. 405.

maistres architectes viennent voir par admiration, pour en prendre des modelles et s'en former des idées, comme si c'estoit un petit miracle du monde? »

Les bras du transept, tout en présentant dans l'ensemble la même ordonnance que le chœur, en diffèrent par plusieurs points de détail. Les arcades de l'étage inférieur sont ici particulièrement belles, tant par les proportions sobres et robustes de leurs piles à ressauts flanquées de colonnettes, que par le dessin de leurs grands arcs à trois archivoltes ornées soit d'un tore unique, soit d'une gorge accompagnée d'un rang de perles ou de dents de scie. Le faux triforium, par contre, est plus simple que dans le chœur et ne comporte aucune mouluration. Il se compose de six arcatures pour les deux travées de chaque croisillon, mais l'une d'elle est arbitrairement coupée par le faisceau de colonnettes ou le pilastre qui sépare les deux travées. En effet, comme dans le chœur, le faisceau de colonnettes qui supporte la retombée des voûtes entre les deux travées ne descend pas jusqu'au pied de l'édifice. Il repose soit sur le boudin qui marque la base de l'étage des fenêtres, soit sur la coursière à modillons qui règne au-dessous du faux triforium, et se continue plus bas par un simple pilastre plus ou moins orné (V. fig. p. 74). Mais nous verrons qu'ici ces hésitations sont manifestement le fait d'une reprise.

Les murs qui ferment le transept au nord et au sud sont aussi divisés en trois étages. L'étage inférieur correspondant à celui des grandes arcades est orné d'arcatures en tiers-point reposant sur de hautes colonnettes engagées. Dans le croisillon nord, ces arcatures sont au nombre de quatre et d'égales dimensions ; dans le croisillon sud, au contraire, une arcature plus

grande est accompagnée de quatre autres plus étroites
et moins élevées. Il est difficile de dire si cette singulière disposition est simplement le résultat de quelque
malfaçon ou si elle est intentionnelle. On peut supposer toutefois que, si l'église était primitivement, comme
il est probable, décorée de peintures, les quatre arcatures du bras nord du transept (côté consacré habituel-
lement aux représentantions de l'ancien testament)
étaient destinées à recevoir les figures des quatre grands
prophètes, tandis que celles du croisillon méridional
devaient encadrer les images du Christ et des évangé-
listes.

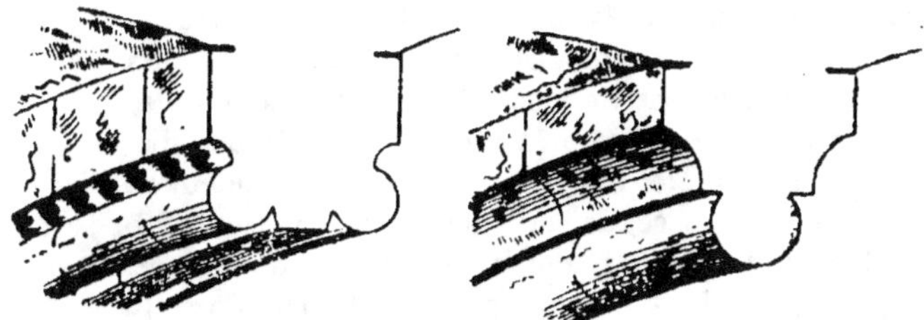

COUPE D'UN ARC DOUBLEAU ET D'UNE OGIVE
DU TRANSEPT

L'étage moyen est occupé par le faux triforium, qui
comporte ici cinq arcatures. Enfin, à l'étage supérieur,
s'ouvrent, non plus une fenêtre unique, mais deux
hautes fenêtres jumelles surmontées d'un oculus octogone dans le croisillon nord et losangique dans le
croisillon méridional ; c'est déjà presque la disposition généralement adoptée au XIIIe siècle.

Les voûtes d'ogives du transept sont au moins aussi
fortement bombées que celles du chœur et leur clef
s'élève à 3^m,50 au-dessus du sommet des formerets.
Elles paraissent cependant un peu moins archaïques

que les voûtes du sanctuaire. Elles présentent, au lieu des ogives à trois tores de ces dernières, des nervures plus légères ornées d'un tore unique dégagé par deux cavets. D'autre part, contrairement aux voûtes du chœur, elles sont pourvues à leur rencontre avec les murs latéraux d'arcs formerets ; mais ceux-ci sont, il est vrai, encore assez maladroitement établis et, au lieu de prendre leur point d'appui sur le faisceau des colonnettes qui sépare les deux travées de chaque croisillon, s'amortissent gauchement par un culot sculpté bien au-dessus de la retombée.

La dernière travée de la nef. — La dernière travée de la nef est comprise entre quatre gros piliers à ressauts flanqués de colonnettes. Deux de ces piles sont celles de la croisée, mais elles présentent de ce côté une disposition particulière. Elles sont, en effet, profondément entaillées à leur base, de sorte que toute leur partie faisant face à la nef se trouve établie en encorbellement. Ce parti audacieux et que permettait cependant la grande épaisseur des piles paraît bien, à en juger par le style des sculptures qui décorent la section du côté sud (le côté nord est actuellement masqué par la chaire), être contemporain de la construction ou de peu de temps postérieur à l'achèvement de l'édifice. Il avait sans doute pour but de permettre de placer plus facilement les stalles sans encombrer le centre de la nef. Une disposition semblable se rencontre d'ailleurs dans d'autres édifices, notamment à la cathédrale de Noyon.

Les deux autres piliers ont à peu près les mêmes dimensions que ceux de la croisée, ce qui pourrait paraître exagéré, si l'on ne songeait qu'au XIIe siècle la construction se terminait en cet endroit et que ces piles devaient être assez fortes pour résister seules à la pous-

DÉAMBULATOIRE

sée des voûtes. Il nous faut aussi noter que les chapiteaux de ces piliers, qui paraissent d'ailleurs un peu plus récents que ceux du reste de l'église, ne sont pas placés, comme dans les autres parties du monument, au niveau de la base des fenêtres, mais normalement à la retombée des voûtes.

A cela près, cette travée a la même ordonnance générale que celles du transept et du chœur, mais avec une ornementation un peu plus simple. Les grandes arcades n'ont qu'une seule voussure de profil rectangulaire sans aucune moulure. Les arcatures du faux triforium sont ornées, du côté nord, d'un tore et d'un rang de dents de scie, comme celles du chœur, et dépourvues de moulures, du côté sud, comme celles des croisillons. La voûte d'ogives bombée mais pourvue de formerets est semblable à celles des croisillons.

Les collatéraux de cette dernière travée de la nef sont l'un et l'autre couverts de voûtes d'arêtes, mais présentent toutefois entre eux d'assez notables différences. Nous avons vu que celui du sud devait communiquer primitivement avec un second bas-côté ; l'arcade de communication encore bien apparente est murée probablement depuis les restaurations du xviie siècle. Les piliers de cette travée présentent des dispositions particulières, qu'il est d'ailleurs assez difficile d'expliquer dans l'état actuel des lieux : leurs chapiteaux sont placés à un niveau moins élevé que ceux des autres piles de l'église ; par contre les bases des deux piliers qui séparent cette travée du reste du collatéral sont à un niveau supérieur à celui des bases voisines ; enfin les colonnettes engagées sont fréquemment remplacées par de simples ressauts à arêtes abattues et ornées de moulures.

La dernière travée du collatéral nord est fermée extérieurement par un mur épais, présentant une obliquité très marquée et percé de deux fenêtres. Ces fenêtres en plein cintre, étroites et profondes, sont encadrées d'arcatures également en plein cintre retombant sur une colonnette médiane. Ces dispositions ont, nous le verrons, conduit certains auteurs à attribuer à cette partie de l'église une antiquité exagérée.

L'extérieur. — A l'extérieur, toute la partie du xiie siècle est de la plus grande sobriété et d'une apparence assez sévère. Gustave Flaubert, qui la vit en 1847, lui trouvait « un aspect austère et dur de robe de prêtre » (1). L'effet est uniquement obtenu par l'habile étagement des masses architecturales.

Tout l'édifice est dominé par la tour carrée qui surmonte la croisée et abrite la coupole centrale. Peu élevée et d'aspect un peu lourd, flanquée à chaque angle de deux contreforts, à l'intersection desquels se profile une colonnette, et couronnée par une corniche à modillons, elle est percée uniquement de quatre étroites ouvertures peu apparentes destinées à éclairer la lanterne ; encore deux de ces baies ont-elles été masquées postérieurement par le comble du xiiie siècle. Peut-être cette tour devait-elle être surmontée primitivement d'un clocher de pierre, qui d'ailleurs n'a probablement jamais existé ; elle est couverte aujourd'hui d'un toit de charpente du xviie siècle qui porte une flèche moderne.

Autour de cette tour centrale rayonnent les bras du transept et le chœur, dont les toitures, ruinées par les huguenots et imparfaitement restaurées au xviie siècle,

(1) *Par les champs et par les grèves*, fragment publié dans les *Mémoires de la Société des Sciences et Lettres de Loir-et-Cher*, t. XIX, 1909, p. 95.

ont retrouvé de nos jours leurs dimensions primitives. Le chœur se termine à l'est par un pignon, sur lequel s'appuie l'abside moins élevée que les deux travées du sanctuaire. De même, à l'étage inférieur, la travée rectangulaire des chapelles rayonnantes se termine par un pignon contre lequel s'appuie l'absidiole. La décoration consiste uniquement en une moulure torique qui encadre les fenêtres hautes et en une corniche à modillons, d'ailleurs en grande partie refaite lors des restaurations du siècle dernier, qui règne à la base des toitures, aussi bien le long du chœur et de l'abside principale qu'à l'étage inférieur, autour du déambulatoire, de ses chapelles et des absidioles.

Le chœur est actuellement pourvu d'arcs-boutants. Mais ceux-ci n'étaient certainement pas prévus dans le plan primitif ; ils furent ajoutés après coup, assez maladroitement d'ailleurs, pour étayer des voûtes dont la stabilité ne paraissait pas sans doute suffisamment assurée par les contreforts assez peu saillants dont elles étaient pourvues primitivement. Aussi les culées de ces arcs-boutants durent-elles être établies en partie en porte-à-faux sur les minces piles qui séparent les deux collatéraux et sur les reins des arcs doubleaux de ces collatéraux (V. la coupe, p. 37). Le remaniement toutefois, à en juger par les colonnettes qui décorent les culées, ne paraît pas être postérieur à la fin du du XIIe siècle et doit par suite avoir suivi de très près l'achèvement de la construction. Par un excès de zèle l'abside reçut alors également deux arcs-boutants, dont l'utilité paraît contestable, puisqu'elle est voûtée en cul-de-four.

Le transept a, comme le chœur, une corniche ornée de modillons sculptés. Ses fenêtres ont leur moulure accompagnée d'une rangée de dents de scie. Contrairement à ce que nous venons de voir pour le chœur, il n'a pas été pourvu d'arcs-boutants, bien que la portée de ses voûtes soit plus considérable, ce qui prouve que, bien qu'on comprît alors l'utilité des nouveaux procédés de construction gothiques, on n'en poursuivait pas encore l'application avec beaucoup de logique et de rigueur. Le pignon du croisillon sud est masqué par les bâtiments de l'abbaye. Le pignon nord, dont la nudité complète jusqu'aux fenêtres hautes est aujourd'hui d'un aspect assez fâcheux, n'était sans doute pas non plus primitivement destiné à être vu.

L'angle sud-est du croisillon méridional est flanqué d'une tourelle d'escalier, qui se termine par un élégant lanternon octogone percé d'une baie en tiers-point sur chaque face, orné d'une colonnette à chaque angle et couronné d'une corniche à modillons. Cette tourelle avait été couverte au XVIIe siècle par un clocheton de charpente qui ne manquait pas d'élégance, mais auquel on a substitué de nos jours une toiture pyramidale plus conforme sans doute à la disposition primitive.

La dernière travée de la nef est semblable au chœur par ses arcs-boutants et au transept par la décoration de ses fenêtres hautes. Comme ces deux dernières parties de l'édifice elle présente une corniche à modillons. Mais ses murs furent surhaussés lors de la construction des premières travées ; aussi cette corniche romane est-elle surmontée d'une seconde corniche du XIIIe siècle. Il est à noter, en effet, que, bien que les travées du XIIIe siècle aient leurs clefs de voûte sensiblement au même niveau que celles du XIIe, elles sont plus hautes extérieurement, les voûtes du XIIe siècle, à cause de leur forme bombée, s'élevant bien au-dessus de la corniche à l'intérieur du comble.

LANTERNE DE LA CROISÉE

Matériaux, mouluration et décoration. Les chapiteaux et les modillons. — Toute cette partie de l'édifice est d'une construction très soignée de moyen appareil. On y a utilisé presque exclusivement la pierre dure des environs de Blois, provenant probablement des carrières de Saint-Victor (1), et on ne s'est servi presque nulle part du calcaire plus facile à travailler des bords du Cher, qui eut tant de vogue plus tard et

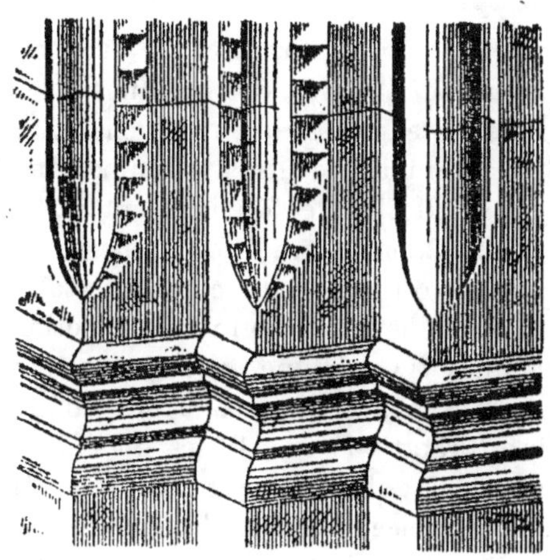

AMORTISSEMENTS DE MOULURES
(PILIER DU COLLATÉRAL SUD DE LA NEF)

fut employé dans toutes les grandes entreprises de la Renaissance.

La mouluration toute romane est à la fois sobre et vigoureuse. Elle est fréquemment accompagnée d'un motif courant de chevrons, de dents de scie, de perles

(1) Aujourd'hui La Chaussée-Saint-Victor, à 3 km nord-est de Blois.

ou d'alvéoles rectangulaires reproduisant en creux le motif connu sous le nom de « pointes de diamant ». Les corps de moulures s'amortissent souvent d'une façon assez particulière en s'amincissant et se terminant en pointe sur l'arête de l'arc ou du pilastre qu'elles décorent (fig. p. 53) ; cette disposition a d'ailleurs été signalée dans d'autres édifices, notamment aux piles du carré du transept de Triel, aux fenêtres de Taverny et. aux chapelles rayonnantes de la cathédrale deBayeux(1).

La décoration sculptée est réservée aux modillons et aux chapiteaux des piliers, des colonnes et des nombreuses colonnettes engagées qui reçoivent la retombée de voûtes, encadrent les fenêtres et supportent les arcatures du faux triforium et du transept. Elle est encore entièrement dans la tradition romane, mais elle date d'une époque où la sculpture ornementale romane avait atteint son plus haut degré de perfection et elle présente quelques types d'une exécution remarquable.

La plupart des chapiteaux sont des chapiteaux à feuillages, interprétations très libres du chapiteau corinthien antique. La forme du tailloir corinthien est grossièrement rappelée, suivant l'usage du XIIᵉ siècle, par trois petits cubes placés sous le tailloir roman. La partie supérieure de la corbeille est souvent marquée par un cercle orné d'une rangée de perles. La petite volute corinthienne vient presque toujours s'enrouler sous l'angle du tailloir ; souvent elle se dédouble et une seconde volute se recourbe vers le milieu du chapiteau ; parfois même ces volutes se multiplient et leurs tiges entrecroisées garnissent à elles seules toute la corbeille. Mais le plus souvent la corbeille est entière-

(1) Cf. *Congrès archéologique de France*, 1919 (Paris), p. 192.

ment recouverte de belles feuilles d'acanthes à la fois
largement dessinées et finement fouillées dans la pierre
dure, qui en a conservé tous les détails. Nous pouvons
signaler en particulier, pour le fini de leur exécution,
les chapiteaux des piliers du transept et, pour l'ampleur de leur dessin et leur bel effet décoratif, ceux des
sveltes colonnes qui séparent l'abside du déambulatoire. Le travail, commencé sur le chantier, devait être
achevé sur place ; un certain nombre de chapiteaux,
en effet, sont restés simplement épannelés et ce ne sont
pas toujours les moins intéressants et les moins vigoureux.

Contrairement aux beaux types dont nous venons de parler, dans lesquels les feuillages se détachent
franchement de la masse, il en est d'autres, d'un effet
beaucoup plus maigre, ornés également de feuilles
d'acanthes, mais où celles-ci, non prévues sans doute
lors de l'épannelage, n'ont qu'un très faible relief et paraissent collées contre la corbeille. Ailleurs les feuilles
d'acanthes font place à des feuilles plates recourbées
à leur extrémité et laissant déjà pressentir les crochets
des chapiteaux du XIIIᵉ siècle ; ou bien de souples
feuillages découpés, au lieu de remonter le long de la
corbeille, prennent naissance sous les angles du tailloir
et s'incurvent pour venir garnir de leurs volutes les
faces du chapiteau. Nombreux enfin sont les chapiteaux décorés de palmettes ou recouverts d'un réseau
de tiges entrelacées garnies de feuilles et parfois de ces
sortes de grappes que l'on a comparées à des fruits
d'arum.

D'autre part, à côté de ces chapiteaux à décoration végétale, de quelques autres dépourvus de
toute ornementation, de types plus rares à godrons
qui font songer à l'école normande, on trouve

un certain nombre de chapiteaux à personnages. On a dépensé jadis beaucoup d'imagination pour leur trouver un sens symbolique (1) ; aucune de ces interprétations ne nous paraît acceptable. Il faut voir sans doute de simples fantaisies décoratives dans plusieurs de ces sculptures, comme ces cariatides qui semblent supporter de leurs mains et de leur tête le poids du tailloir (à droite de l'entrée septentrionale du déambulatoire, chapelle rayonnante méridionale) ou ces personnages accroupis la tête entre leurs genoux et tenant dans leurs mains leurs jambes écartées (à droite de l'entrée méridionale du déambulatoire), motifs qu'on retrouve dans d'autres églises de la région, comme à Aiguevive (Loir-et-Cher), où il reçoit directement la retombée des nervures. D'autres, au contraire, paraissent répondre à un programme iconographique plus précis, mais qu'il nous a paru difficile de déterminer.

C'est le cas de deux chapiteaux symétriquement situés à gauche et à droite du chœur, sur la face ouest des piles de l'entrée de l'abside. Le premier, à gauche du chœur, nous montre trois personnages dans une attitude bien singulière. Une femme, les cheveux tombant sur les épaules et vêtue suivant la mode du XIIe siècle d'un corsage ajusté à très larges manches, est couchée au milieu du groupe, la tête appuyée sur sa main gauche. Deux hommes, l'un barbu et l'autre imberbe, couchés presque à plat-ventre sur les deux faces latérales du chapiteau, semblent se la disputer. Le premier lui saisit la poitrine de la main droite et se tient un pied de la main gauche ; l'autre, vêtu d'un « bliaud » au col et aux manches ornés de passementeries prend

(1) V. notamment ; Abbé Voisin *op. cit.*, p. 33 à 39.

le poignet de son rival et semble vouloir l'écarter. La
scène se continue à gauche, sur le chapiteau de la colonnette voisine, par un groupe de deux personnages,
l'un saisissant l'autre par la barbe (1).

Sur le chapiteau du pilier opposé, à droite du chœur,
nous assistons au combat de deux guerriers, armés
tous deux d'un bouclier et d'une masse d'armes, mais
l'un barbu et l'autre imberbe, comme les personnages
figurés dans les scènes précédentes, tandis qu'une
femme, les cheveux nattés et la tête couverte d'un
voile, se prosterne devant eux dans une attitude sup-
pliante, à genoux et les mains jointes. Deux colonnettes
du même pilier sont également ornées de personnages,
mais sans rapport sans doute avec la scène principale.

Bien que la place réservée à ces sculptures de chaque
côté du chœur, dans un édifice assez pauvre par ailleurs en chapiteaux historiés, paraisse indiquer qu'on
ait attaché quelque importance aux épisodes qui y
étaient figurés, on n'en a pas encore donné une explica-
tion satisfaisante. Peut-être la trouverait-on dans
quelqu'une de ces chansons de geste qui se récitaient,
comme l'a si bien montré M. Bédier, sur la route des
grands pèlerinages. Or Blois était une des étapes de la
route de Saint-Jacques de Compostelle (2).

(1) Ce dernier groupe peut être rapproché d'un chapiteau provenant de l'abbaye de Saint-Hilaire, à Poitiers, et conservé
au musée archéologique de cette ville, et d'une miniature de la
célèbre *Apocalypse* de Saint-Sever, signalés l'un et l'autre par
M. Mâle (*L'art religieux du XIIe siècle en France*, Paris, Armand
Colin, 1922, p. 15). Les trois œuvres nous montrent la lutte de
deux personnages se tenant par la barbe ; sur la miniature
la scène est commentée par ce vers latin ironique :
Frontibus attritis barbas conscindere fas est.
Bien qu'à notre avis l'analogie ne soit pas telle qu'on puisse
croire à une imitation directe, elle décèle cependant une inspiration commune et mérite à ce titre d'être signalée.
(2) Cette hypothèse, qu'a bien voulu nous suggérer M. Émile
Mâle, est bien conforme aux idées qu'il a développées lui-même

On voit encore, dans la chapelle rayonnante septentrionale, un chapiteau de colonnettes figurant une scène à sept personnages, dont un démon tenant un homme attaché par le cou ; mais la décoration peinte qu'il a reçue au siècle dernier en rend l'étude assez difficile. Un autre, dans la chapelle rayonnante méridionale, nous montre un homme armé d'une épée combattant un animal féroce. D'autres enfin sont uniquement décorés de figures d'animaux. Un chapiteau du faux triforium, au sud de la dernière travée de la nef, a la forme d'une énorme tête de monstre qui avale le fût de la colonne ; et sur plusieurs chapiteaux de colonnettes des chapelles rayonnantes se retrouve ce motif de fauves affrontés, que l'art roman avait emprunté à l'Orient le plus lointain et le plus ancien et que les tissus persans avaient fait connaître à notre moyen âge.

Tous ces chapiteaux à personnages sont d'ailleurs d'un art assez fruste, et la grossièreté avec laquelle est rendue la figure humaine contraste singulièrement, il faut le reconnaître, avec la maîtrise déployée par les mêmes artistes dans leurs motifs d'ornementation végétale.

Si les uns et les autres nous présentent une série de motifs infiniment variés, les tailloirs qui les surmontent ont, par contre, tous le même profil composé d'un bandeau, d'un chanfrein et d'un cavet. Le chanfrein est presque toujours orné de petits chevrons ; parfois cependant ceux-ci sont remplacés par des dents de scie, des perles ou ces alvéoles carrées dont nous avons déjà parlé.

dans ses savantes études sur *L'art du moyen-âge et les pélerinages,* qu'il a publiées dans la *Revue de Paris,* 19 octobre 1919 et 15 février 1920, et reproduites dans son bel ouvrage sur *L'Art religieux du XIIe siècle en France.*

Quant aux bases, elles présentent toutes le tracé vigoureux couramment employé à cette époque, avec leur tore supérieur aminci, leur scotie surélevée et leur tore inférieur élargi et déprimé. Deux d'entre elles seulement, celles des grosses colonnes isolées, à droite et à gauche du chœur, sont garnies de griffes.

Les modillons enfin offraient un vaste champ à l'activité des sculpteurs, et ils sont particulièrement nom-

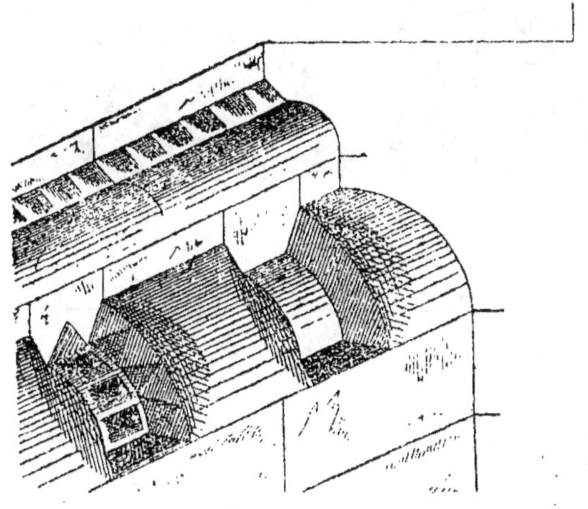

COUPE DE LA COURSIÈRE
(MODILLONS A FORME GÉOMÉTRIQUE)

breux dans cet édifice, puisqu'ils servent de supports non seulement aux corniches extérieures, mais encore à la coursière qui règne intérieurement tout autour des grandes nefs. Si les premiers ne s'écartent guère de la production courante de l'époque et ont d'ailleurs eu à souffrir des intempéries et des restaurations, ceux de la coursière intérieure nous sont parvenus en parfait état

Cl. Dr Lesueur.

ARCADES DU TRANSEPT

Cl. Dr Lesueur

ABSIDE ET ABBAYE

de conservation et quelques-uns au moins méritent de retenir un peu plus longuement l'attention.

Pour un grand nombre de ces modillons toutefois, aussi bien au dedans qu'au dehors, on s'est contenté d'une forme géométrique, toujours la même, obtenue en évidant une pierre rectangulaire en quart de rond et en abattant les arêtes de celui-ci ; on détermine ainsi trois surfaces courbes qui peuvent être ornées de motifs courants divers : dents de scie, chevrons, perles, alvéoles carrées, volutes, fleurettes, feuillages, etc. (fig. p. 59). Les autres par contre sont ornés de figures grotesques dans l'exécution desquelles l'artiste a donné libre cours à son imagination. Tout autour de l'église, des têtes de monstres tenant à la fois de l'homme et du chien, aux pommettes saillantes, au nez écrasé, aux oreilles pointues, roulent des yeux ronds et ouvrent de larges gueules, qui veulent être effrayantes. Çà et là une sirène se dresse sur sa queue de poisson, un chasseur joue de la trompe, un évêque bénit, un chien se mord la queue. Autour du pilier sud-est de la croisée les motifs se multiplient : des têtes grimaçantes sont la proie d'animaux qui leur sortent de la bouche et leur mordent la tête ; deux monstres se dévorent entre eux ; un autre avale un petit personnage dont les jambes lui sortent de la gueule ; un homme a l'épaule mordue par un animal féroce.

Bien entendu il serait vain, ici plus que partout ailleurs, de chercher des intentions symboliques dans ces motifs où Saint-Bernard lui-même, contemporain de leur exécution, ne voyait que des monstres étranges et dénués de signification, fruits d'une imagination déréglée. Mais nous retrouvons là toutes les fantaisies que l'art roman a prodigué un peu partout dans l'ombre de ses corniches, avec plus de verve et d'abondance peut-être que de profondeur et de vraie originalité.

III

L'ÉGLISE DU XIIᵉ SIÈCLE

DATES ET MARCHE DE LA CONSTRUCTION

Certaines parties de l'église sont-elles antérieures au XIIᵉ siècle? — L'examen des constructions que nous venons de décrire pose plusieurs problèmes archéologiques qui nous restent à étudier. Nous avons dit, — et la preuve en est donnée par des textes précis, — que la partie de l'église qui nous occupe avait été construite entre 1138 et 1186. L'étude de la structure et de la décoration de l'édifice confirme d'ailleurs en tout point les indications fournies par les textes. Mais on peut se demander s'il ne subsisterait pas dans cet ensemble du XIIᵉ siècle quelques parties antérieures. Telle fut, en effet, l'opinion des archéologues du siècle dernier. M. Jules Laurand (1), en 1853, estimait que les chapelles rayonnantes pouvaient remonter au XIᵉ siècle et que les fenêtres de la dernière travée du collatéral nord de la nef étaient « antérieures au moins d'un siècle à tout le reste du monument ».

Nous ne saurions partager cet avis. M. Laurand appuyait surtout son opinion sur celle de dom Noël Mars qui parle, nous l'avons vu, de l'ardeur avec laquelle se poursuivaient les constructions de l'église au XIᵉ siècle, et il attribuait à cette époque toutes les parties du monument où se rencontrent des arcs en plein cintre. Mais nous savons aujourd'hui qu'il faut attacher moins d'importance au tracé des arcs, les arcs en plein cintre et les arcs brisés se rencontrant concurremment dans la

(1) *Op. cit.*

plupart des édifices du XIIe siècle ; et, d'autre part, les dires d'un auteur du XVIIe siècle ne sauraient être d'un grand poids pour la question qui nous occupe, s'ils ne s'appuient pas sur des documents authentiques. On ne peut admettre, comme le pensait Noël Mars, que

MUR DE LA DERNIÈRE TRAVÉE DU COLLATÉRAL NORD DE LA NEF

l'église actuelle ait été commencée au XIe siècle, puisqu'un document, qu'ignorait l'érudit bénédictin, fixe le début des travaux à l'année 1138 ; et on ne peut pas supposer non plus que certaines parties d'une église plus ancienne aient été conservées dans les constructions du XIIe siècle, puisque cette « vieille église » subsistait encore en 1186, ainsi que nous l'apprend la charte relatant la translation des reliques (1), et par conséquent ne pouvait occuper le même emplacement que les constructions qui venaient d'être élevées à cette date.

Sur ce point encore l'examen du monument confirme les données des documents. Pour les chapelles rayonnantes il n'y a aucune hésitation possible ; il y a un tel accord entre leur mode de construction et de décoration et celui du reste de l'édifice qu'on ne peut douter qu'elles aient été projetées et exécutées en même temps. En ce qui concerne le mur extérieur de la dernière travée du collatéral nord de la nef (fig. p. 62), la question est peut-être plus délicate et l'opinion de M. Laurand n'a pas perdu tout crédit. Les étroites fenêtres en plein cintre fortement ébrasées et dépourvues de moulures, les arcatures également en plein cintre et de profil rectangulaire qui les surmontent, le dessin très fruste du chapiteau de la colonnette médiane, donnent en effet à cette partie de l'église un aspect archaïque qui inciterait au premier examen à la vieillir plus qu'il ne convient.

Cependant l'aspect un peu massif de ce mur, la crainte qu'on eut d'y pratiquer des ouvertures trop larges, la précaution que l'on a prise de le raidir par des arcatures à sa partie supérieure s'expliquent bien, si l'on considère que les constructions du XIIe siècle s'arrêtaient en ce point et qu'avant les travaux du XIIIe siècle la dernière travée de la nef et ses bas-côtés étaient destinés à contrebuter à eux seuls les poussées du transept. Pour la même raison, nous l'avons vu, les piliers et les arcs doubleaux, qui séparent cette travée de la nef et ses collatéraux des constructions postérieures, présentent une épaisseur inusitée et que l'on ne

(1) Cf. p. 12, note 1.

pourrait expliquer, si l'on considérait seulement l'édifice entièrement achevé, tel que nous le voyons aujourd'hui. Quant au chapiteau de la colonnette médiane, il doit sans doute son apparence à ce qu'il n'est
qu'épannelé et n'a pas reçu la décoration qui lui était
destinée. Nous n'attachons pas non plus une grande
importance à la disposition des cintres des fenêtres,
qui ne sont appareillés qu'à leurs extrémités intérieure et extérieure et construits en moellons dans la
partie intermédiaire, bien que ce soit encore là un caractère d'ancienneté.

On remarquera, par contre, que les fenêtres ne sont
pas placées au centre des arcatures qui les encadrent,
mais qu'on les a rapprochées l'une et l'autre du milieu
de la travée, de manière qu'elles se trouvent au droit
de l'arcade qui leur fait face et qu'elles puissent ainsi
donner du jour jusque dans la nef, ce qui suppose
qu'elles sont contemporaines de cette arcade et par
suite du reste de la construction. Notons aussi la présence au-dessous de ces fenêtres d'un cordon orné de
dents de scie semblable à celui qui entoure le déambulatoire et les chapelles rayonnantes. Enfin, — et ceci
tranchera définitivement le débat, — l'appareil, qui ne
présente d'ailleurs ni emploi de petits matériaux réguliers, ni joints épais, ni claveaux étroits, ni aucun
autre caractère d'archaïsme, est le même que dans tout
le reste du monument, et aux deux extrémités il se continue sans aucune trace de reprise avec les piliers du
XIIe siècle, dont il est évidemment contemporain.

Il faut observer toutefois que ce mur présente une
obliquité très marquée et difficilement explicable.
A-t-on voulu utiliser des fondations antérieures ?
A-t-on adopté ce tracé oblique pour raccorder les nouvelles constructions avec la « vieille église », qui exis-

CHAPITEAUX DU CHŒUR

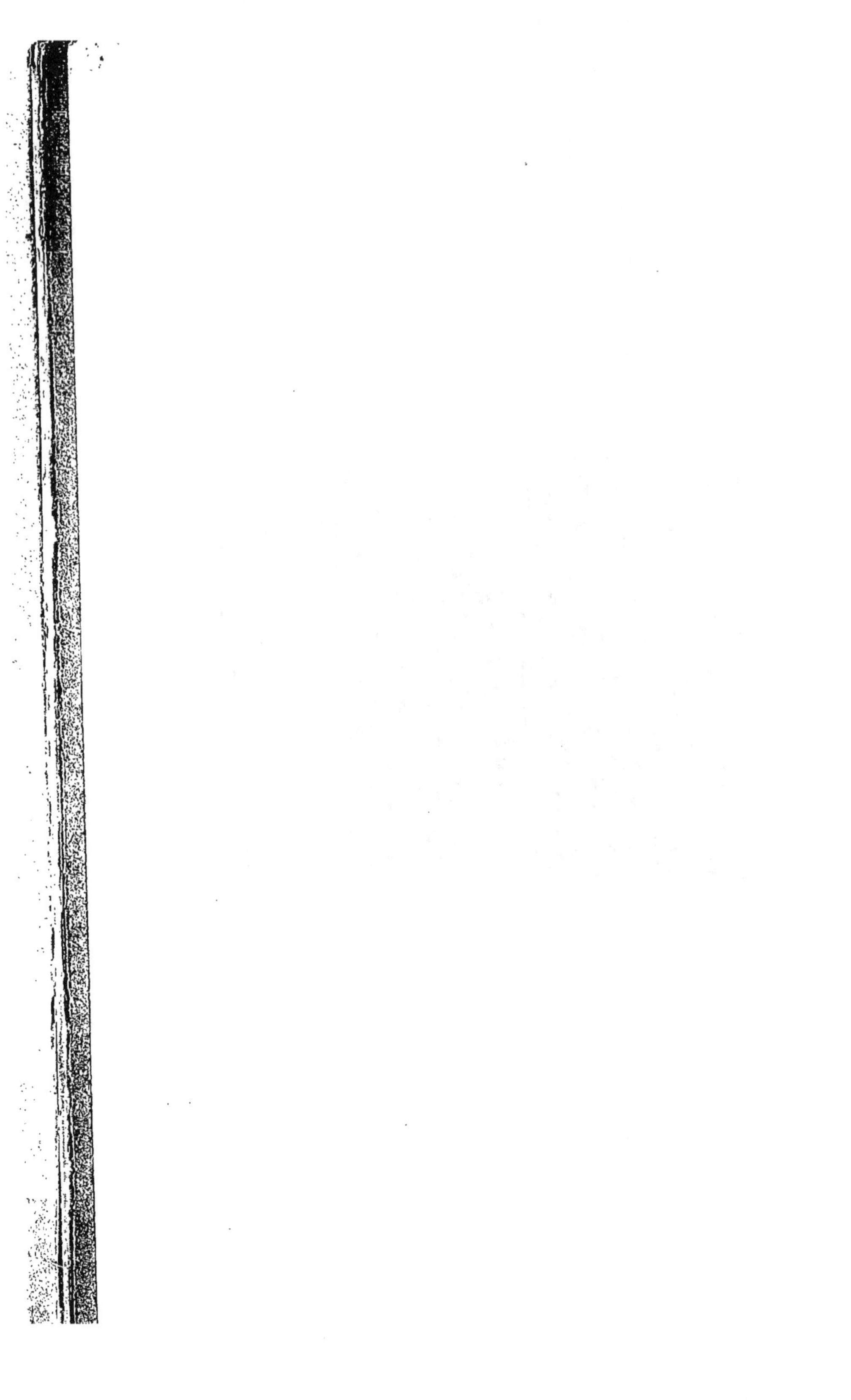

tait encore à cette époque? Nous n'avons à ce sujet aucune certitude.

Le chœur et le transept appartiennent-ils à deux campagnes de travaux différentes? — C'est donc bien entre 1138 et 1186 que furent élevées toutes les constructions que nous avons décrites jusqu'ici. Mais, dans cet intervalle, les travaux furent-ils conduits régulièrement de la base jusqu'au faîte, ou bien doit-on distinguer plusieurs campagnes distinctes? Cette dernière opinion a été soutenue naguère par Robert de Lasteyrie (1) et bien que ce savant auteur ne l'ait émise qu'incidemment, dans un article qui avait un tout autre but, — démontrer que la déviation de l'axe des églises n'est pas symbolique, — elle touche de si près notre sujet qu'il nous faut l'examiner avec quelques détails.

« A Saint-Laumer de Blois, écrit M. de Lasteyrie, l'axe de l'église, au lieu d'être rectiligne, forme une ligne brisée suivant trois directions différentes. La première correspond aux quatre premières travées de la nef. La cinquième travée et le transept inclinent légèrement vers le nord. Enfin le chœur est établi suivant une troisième direction, encore plus inclinée vers le nord. Y a-t-il là quelque idée de symbolisme? Un rapide examen de quelques-unes des particularités que présente le monument permettra d'en juger. Un coup d'œil sommaire sur une coupe longitudinale de l'édifice montre qu'il n'a pas été bâti d'un seul coup. On a, suivant l'usage, commencé par le chœur. Le transept a sûrement été construit à une date postérieure, car il

____

(1) *La déviation de l'axe des églises est-elle symbolique* ? dans le *Bulletin monumental*, 69ᵉ vol., 1905, p. 449, et dans les *Mémoires de l'Académie des Inscriptions et Belles-Lettres*, t. XXXVII, 2ᵉ partie, 1906, p. 277.

n'a pas les dimensions que l'architecte du chœur avait prévues. Il est plus long, de telle sorte que ses piles ne sont pas aux points où on supposait qu'elles seraient quand on planta celles du chœur, et pour faire le rac_ cord, il a fallu dévier les axes d'une partie des arcs. La travée de la nef attenante au transept a dû être élevée en même temps, mais quoiqu'elle ressemble beaucoup aux travées du chœur, elle est sûrement moins ancienne, car ses voûtes hautes et basses sont d'ogives, tandis que les voûtes basses du chœur sont d'arêtes ; elles ont des formerets tandis qu'il n'y en a pas au chœur, etc. Enfin les quatre premières travées de la nef marquent sûrement une troisième époque dans la construction..... Voilà donc trois étapes bien marquées dans la construction, et leur coïncidence avec les trois axes différents suivant lesquels l'église est bâtie prouve bien qu'il n'y a là aucune recherche de symbolisme, mais que ces irrégularités tiennent uniquement à la façon dont les travaux ont été conduits ».

En résumé, si nous laissons de côté ce qui concerne les premières travées de la nef incontestablement postérieures au reste de l'église, M. de Lasteyrie estime que les constructions du XII⁰ siècle furent élevées en deux campagnes, l'une pour le chœur, l'autre pour le transept et la dernière travée de la nef.

Examinons ses différents arguments.

Nous n'insisterons pas sur la prétendue différence entre les voûtes basses du chœur et celles de la dernière travée de la nef. Il s'agit là d'une simple erreur matérielle du plan consulté par M. de Lasteyrie (1). En réalité

(1) **Probablement le plan de M. de Baudot cité ci-dessus p. 8, note 2.**

les collatéraux de la **dernière** travée de la nef ont des voûtes d'arêtes comme ceux du chœur.

Il est exact par contre que les voûtes du transept et de la travée contiguë de la nef ont des formerets, tandis que celles du chœur en sont dépourvues et il est logique de voir là l'indice d'une différence de dates dans la construction de ces voûtes. Mais s'en suit-il qu'il y ait la même différence de dates entre les parties de l'édifice qu'elles surmontent? Ne peut-on pas aussi bien admettre que les travaux furent menés plus ou moins régulièrement dans toute la construction depuis les fondations jusqu'à la naissance des voûtes, puis qu'on construisit les voûtes du chœur, et enfin, quelque temps après, celles du transept et de la travée de la nef qui lui fait suite?

Il est exact également que certains arcs raccordant les piles du chœur à celles du transept, ceux notamment qui séparent entre elles les premières travées des deux collatéraux du chœur (arc BE de notre plan) présentent une déviation assez sensible. Mais cette déviation est-elle bien la conséquence d'un allongement du transept décidé après la construction du chœur ? Cet allongement serait si faible qu'on n'en comprendrait guère la raison, et la déviation de l'arc qui nous occupe s'explique d'ailleurs fort bien autrement.

En effet, considérons par exemple le plan des deux collatéraux méridionaux du chœur (fig. p. 68). Au niveau des doubleaux AB et BC, qui séparent leur première travée de la seconde, ils ont sensiblement la même largeur. Mais en cet endroit ils ne sont séparés du chœur que par une colonne A de faible épaisseur. Au contraire au niveau des arcades DE et EF, qui font communiquer ces collatéraux avec le transept, cette mince colonne est remplacée par l'énorme pile D du carré du transept. Cette pile aurait dû obstruer en partie l'arcade DE, qui lui est contiguë. Pour remédier dans une certaine mesure à cet inconvénient l'architecte a déplacé légèrement vers le sud le pilier E, qui sépare les deux arcades, et par suite dévié l'arc BE, qui sépare les

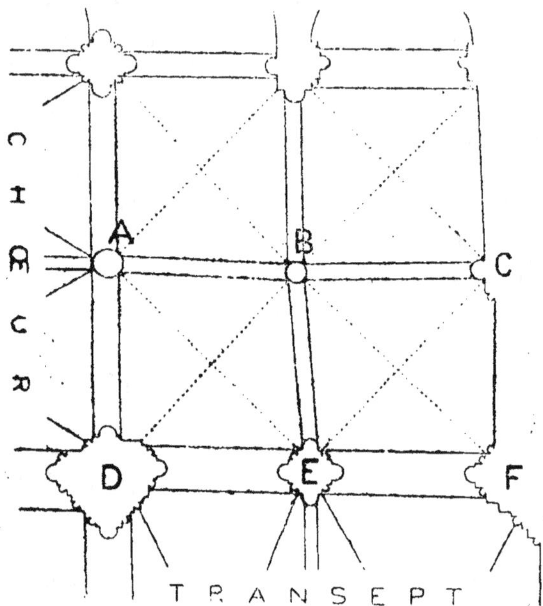

PLAN DES COLLATÉRAUX SUD DU CHŒUR

premières travées des collatéraux et qui vient retomber sur ce pilier. Néanmoins l'arcade la plus éloignée du chœur EF reste encore sensiblement plus large que l'autre.

De pareilles déviations existent d'ailleurs dans d'autres parties de l'église et pourraient s'expliquer par des raisons analogues. Bien qu'elles soient plus apparentes sur le plan que dans l'édifice lui-même, elles apportent quelque imprévu dans les perspectives intérieures, dans

CHAPITEAUX DU CHŒUR

Cl. Dᵉ Lesueur.

celles des bas-côtés notamment, qui paraissent s'incurver légèrement autour du carré du transept. Faut-il voir là un « rafinement » voulu par le constructeur (1)? Evidemment non. Néanmoins, il faut reconnaître que les architectes du moyen âge étaient bien moins que ceux de notre temps esclaves de la ligne droite et de l'angle droit. Il ne leur déplaisait pas, lorsque les circonstances le commandaient, d'user d'artifices du genre de ceux que nous venons de décrire, de « tricher » un peu, et cette souplesse des procédés de construction entre bien pour une part dans l'attrait que nous trouvons à leurs monuments.

Mais revenons à notre sujet et examinons enfin le principal argument de M. de Lasteyrie, celui qui fut le point de départ de sa thèse, à savoir la déviation vers le nord de l'axe du monument entre le transept et le chœur. Ce serait là, en effet, si l'on accepte la théorie de l'auteur sur ces brisures de l'arc des églises, — et nous ne nous y refusons pas, — une sérieuse présomption en faveur d'une interruption des travaux en ce point. Mais cette déviation existe-t-elle ailleurs que dans les plans que l'éminent archéologue eut à sa disposition (2) et dans l'imagination des auteurs qui ont précédemment étudié cette église (3) ? Dans le monument lui-même, si l'on en excepte les deux premières travées de la nef, sur lesquelles nous reviendrons et qui n'ont rien à voir dans cette controverse, elle n'est guère apparente. Si l'on cherche simplement à l'aide d'un fil à plomb à

(1) On se souvient qu'une thèse de ce genre fut soutenue naguère par M. Goodyear, *Vertical curves and other architectural rafinements in the gothic cathedrals and churches of Northern France*, New-York, 1904.

(2) Il en est ainsi dans le plan de M. de Baudot.

(3) « L'axe longitudinal brisé vers le transept, symbole touchant de la tête penchée du Christ expirant ». Abbé Voisin *op. cit.*, p. 23.

aligner les clefs de voûtes, elles semblent bien situées sur le même axe. Si l'on prend des mesures plus précises, on s'aperçoit que non seulement il n'y a aucune déviation de l'axe de l'église vers le nord, mais qu'il existe une très légère déviation vers le sud, si faible d'ailleurs qu'il ne faut évidemment lui chercher d'autre cause que l'imprécision des mesures habituelles aux édifices de cette époque (1).

Tous les arguments invoqués nous paraissent donc bien fragiles, et d'autre part la similitude complète de la décoration et des procédés de construction, l'absence de toute trace de reprise dans l'appareil ne permettent guère de nous rallier à l'opinion que nous venons de discuter et d'admettre deux campagnes de travaux distinctes pour la construction du chœur et celle du transept.

Le projet primitif et les modifications apportées en cours d'exécution. — Est-ce à dire que, durant l'espace de près d'un demi-siècle qui s'écoula entre la pose de la première pierre et la consécration de l'église, il n'y eut aucune interruption dans les travaux et que le monument se soit élevé jusqu'à la fin conformément au plan initial? Non certes. Mais, s'il y eut une interruption, nous croyons que c'est, non entre deux tranches verticales de l'édifice, mais à une certaine hauteur de la construction, qui se poursuivait simultanément dans toute son étendue.

Les travaux semblent, en effet, avoir été conduits assez régulièrement depuis les fondations jusqu'au ni-

(1) Si nos mesures sont exactes, le désaxement du chœur sur le carré du transept et la dernière travée de la nef ne dépasserait pas 0º15', et celui de ces deux dernières travées par rapport à celui des deux travées précédentes de la nef pourtant d'une époque différente serait seulement de 0º6'.

veau du faux triforium inclusivement. Pendant cette
période la seule modification importante fut l'abandon
du double collatéral de la nef, qui avait été amorcé,
nous l'avons vu, du côté sud, et qui ne reçut aucun
commencement d'exécution du côté opposé. Mais,
lorsque la construction fut arrivée à ce niveau, le projet
primitif reçut, croyons-nous, des modifications consi-
dérables.

Nous avons dit, en effet, que les chapiteaux des piliers du chœur et du transept n'étaient pas placés à la
retombée des voûtes, mais bien au-dessous, au niveau
du sommet des arcatures du faux triforium. Le dessin
des piles au-dessus de ces chapiteaux n'est d'ailleurs
pas le même que dans la partie inférieure et reproduit
le plus souvent en les prolongeant le profil des doubleaux, dont la retombée est marquée par une simple
imposte ornée de dents de scie. Ces dispositions seraient
tout à fait insolites, si l'on supposait que les voûtes
avaient été conçues dès l'abord comme nous les voyons
aujourd'hui. Elles s'expliquent fort bien au contraire,
si l'on admet qu'on avait primitivement l'intention de
construire des voûtes beaucoup plus basses retombant
directement sur les chapiteaux, immédiatement au-
dessus du faux triforium. L'établissement de ces voûtes
basses avait probablement été projeté dès le début de
la construction ; mais au cours des travaux, les procédés encore tout nouveaux de l'architecture gothique
ayant fait de rapides progrès, l'emploi systématique
des voûtes d'ogives ayant permis dans de nombreux
monuments contemporains de réaliser des conceptions
beaucoup plus hardies, on jugea sans doute que l'édifice aurait une apparence lourde et écrasée qui n'était
plus de mise, et on décida de porter les voûtes à leur
niveau actuel. Toutefois les chapiteaux préparés pour

recevoir les voûtes primitivement conçues sont restés en place et témoignent de l'existence de ce premier projet.

Quelles devaient être ces voûtes primitives projetées dès le début de l'entreprise, c'est-à-dire aux environs de 1138? L'emploi exclusif de voûtes romanes dans toutes les parties basses de l'église, collatéraux, déambulatoire et chapelles rayonnantes, pourrait faire supposer qu'on avait également l'intention de se contenter des procédés de voûtement romans pour les vaisseaux principaux et que ceux-ci étaient destinés à recevoir des berceaux brisés par exemple. Mais un examen plus attentif du monument ne confirme pas cette hypothèse. En effet, la plupart des colonnettes qui supportent la retombée des nervures partent de la base même de l'édifice et ne paraissent pas avoir jamais eu d'autre destination. L'usage des voûtes d'ogives dans les parties hautes concurremment à celui des voûtes d'arêtes et des culs-de-four dans les collatéraux et les chapelles ne doit d'ailleurs pas nous surprendre, les architectes romans n'ayant jamais éprouvé de difficulté à voûter ces dernières parties de leurs églises par les procédés qui leur étaient habituels, tandis que la découverte de la croisée d'ogives constituait la seule solution vraiment satisfaisante du problème depuis longtemps cherché du voûtement des grandes nefs. L'emploi de voûtes d'ogives, même beaucoup plus basses que les voûtes actuelles, permettait d'autre part d'éclairer les parties supérieures de l'édifice en pratiquant des fenêtres entre les retombées (1), ce qui eut été impos

(1) Cette disposition est très fréquente dans les églises gothiques du XIIᵉ et du XIIIᵉ siècles : cathédrale de Châlons, Montiérender (chœur), Notre-Dame de Dijon, Saint-Leu d'Esserent, Ourscamp, cathédrale de Laon, cathédrale de Mantes, MontNotre-Dame, Saint-Pierre-de-Lizieux, cathédrale de Lyon (chœur), etc.

sible avec un berceau établi immédiatement au-dessus du faux triforium.

Nous ne pensons pas néanmoins que les voûtes qu'on avait l'intention d'établir en 1138 étaient, au niveau près, en tout point conformes à celles qui existent aujourd'hui. Pour la croisée, par exemple, la lanterne

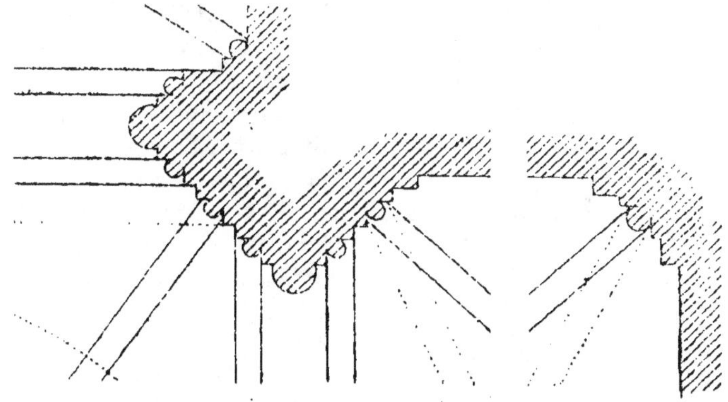

PLAN D'UNE PILE DE LA CROISÉE (à gauche)
ET DE L'ANGLE D'UN DES BRAS DU TRANSEPT (à droite)
MONTRANT LA DISPOSITION PROBABLE DES
RETOMBÉES DES VOUTES PRIMITIVEMENT PROJETÉES (1)

sur pendentifs actuelle n'était certainement pas prévue dès le début des travaux. On n'avait d'ailleurs pas davantage, comme on pourrait le croire, l'intention de couvrir cette travée d'une coupole romane, mais bien d'une voûte d'ogives. Dans l'hypothèse d'une coupole centrale, en effet, les piles de la croisée devraient être flanquées d'un nombre pair de colonnettes ; or elles en ont cinq. Quatre d'entre elles reçoivent la retombée

(1) Les traits pleins indiquent les voûtes projetées primitivement, les traits pointillés les voûtes actuelles n'appartenant pas au projet primitif.

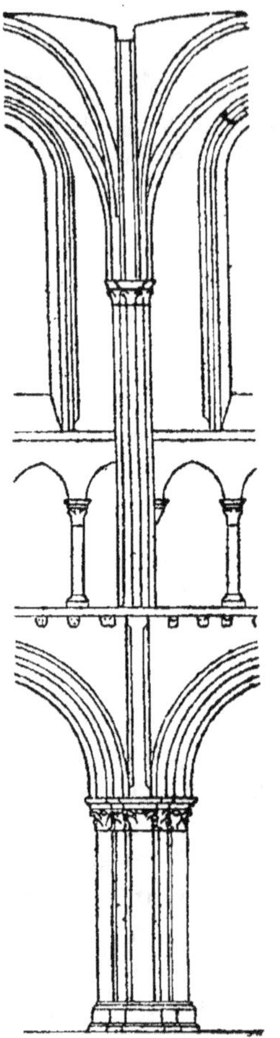

DISPOSITION DES SUPPORTS
ENTRE LES DEUX TRAVÉES
DU CROISILLON SUD

des grands arcs à double voussure qui séparent le carré du transept du chœur, de la nef et des croisillons. Quant à la colonnette médiane, elle supporte aujourd'hui une troisième voussure ajoutée à deux de ces arcs ; mais cette voussure supplémentaire, qui ne se reproduit pas sur l'autre face des mêmes arcs, n'a pas sa raison d'être, et la destination primitive de ces colonnettes était, à n'en pas douter, de recevoir les retombées d'une croisée d'ogives.

De même les deux travées rectangulaires de voûtes d'ogives qui couvrent actuellement chaque croisillon n'étaient pas, croyons-nous, prévues primitivement, et chacun des bras du transept était, semble-t-il, destiné à recevoir une voûte unique établie sur une vaste croisée d'ogives de plan sensiblement carré. En effet, tandis qu'aux quatre angles de chaque croisillon les colonnettes qui reçoivent les ogives partent du pied et ne peuvent avoir eu primitivement d'autre destination que celle que nous leur voyons aujourd'hui, le faisceau de colonnettes qui supporte la retombée des voûtes entre les deux travées est manifestement relancé après coup au-dessus de la coursière à modillons. Il détruit l'ordonnance du faux triforium qui devait comporter à l'origine une suite ininterrompue de six arcatures, dont l'une se trouve arbitrairement coupée par suite de ce repentir (fig. p. 74).

Il n'en est pas de même pour le chœur. Le faux triforium, en effet, comporte ici deux travées bien distinctes de chacune trois arcatures, ce qui implique l'intention que l'on eût dès le début d'établir deux travées de voûtes, dont la présence est d'ailleurs justifiée par la largeur moindre du vaisseau. L'existence d'une pile faible entre deux piles fortes ferait même songer à la possibilité d'une voûte sexpartite, si le fait ne paraissait assez surprenant à cette date et dans cette région. Enfin le plan des piliers séparant le chœur de l'abside, qui comportent une colonnette inemployée face à cette dernière, et la présence de colonnettes établies en encorbellement entre les arcades du rond-point et ne dépassant pas, il est vrai, la coursière à la base du faux triforium, pourrait faire croire à l'intention de couvrir l'abside elle-même d'une voûte d'ogives (1).

Conclusion. — En résumé, le projet primitif de 1138, inspiré dans une certaine mesure, pour le plan principalement, d'églises de tradition purement romane du sud de la Loire, avait subi d'autre part l'influence des monuments de l'Ile-de-France, au point de vue notamment des procédés de voûtement dont l'usage commen-

(1) Pareil fait a été constaté à Avesnières près de Laval, où, après avoir préparé dans les absidioles des colonnes engagées pour recevoir des branches d'ogives, on préféra bâtir de simples culs de four (Cf. Enlart, *Manuel d'archéologie*, 1re éd., t. I, p. 446).

çait à prévaloir dans cette région ; tout en conservant les voûtes d'arêtes pour les collatéraux, chapelles et déambulatoire, il comportait, en effet, un chœur, une nef et un transept moins élevés que ceux qui existent actuellement, mais entièrement couverts de voûtes d'ogives. Ce projet, qui fut exécuté pour les parties basses de l'édifice, — non d'ailleurs sans d'importants repentirs, comme l'abandon du double collatéral de la nef, — fut modifié au cours de la construction, à une date que nous ne saurions préciser, mais probablement pendant le troisième quart du XIIe siècle. On décida alors de porter les voûtes hautes à leur niveau actuel et on en modifia au moins partiellement le tracé. Les voûtes des bras du transept en particulier furent établies sur un plan nouveau plus rationnel et la croisée reçut la lanterne centrale qui domine tout l'édifice. Tous ces travaux furent probablement terminés avant 1186, date de la translation des reliques. Ils furent enfin complétés vers la fin du XIIe siècle par l'addition d'arcs-boutants.

Saint-Lomer, on le voit, est donc encore largement tributaire de l'art roman : non seulement au début de la construction l'auteur du projet primitif emprunta son plan, la structure de ses voûtes basses, sa décoration à l'architecture romane, mais certaines dispositions qui furent adoptées dans la suite et n'étaient sans doute pas projetées à l'origine, comme le principe de la coupole centrale sur pendentifs, comme peut-être le cul-de-four de l'abside, ne sont qu'un retour aux idées romanes. Néanmoins, nous avons montré que dès le début les voûtes d'ogives étaient prévues, qu'elles furent ensuite portées à un niveau assez élevé pour que la nef pût être éclairée de hautes fenêtres, qu'elles furent à une date relativement précoce pourvues d'arcs-boutants, qu'en un mot les religieux blésois suivaient de très près les progrès de

CHAPITEAUX DU TRANSEPT

l'architecture gothique. Les procédés gothiques ne se sont d'ailleurs pas substitués, comme on pourrait le croire, aux modes de construction romans à une date déterminée, mais les uns et les autres ont été concuremment employés, du moins en projet, aux diverses phases de la construction. L'architecture de ce monument est donc une de celles auxquelles s'applique le plus justement, quoiqu'on puisse penser de l'opportunité de cette épithète, le terme d' « architecture de transition ».

Sans doute cette église ne nous paraît pas sous plus d'un rapport d'un art aussi avancé que certains édifices contemporains de l'Ile-de-France, avec lesquels elle présente d'ailleurs de nombreuses analogies, que notamment la célèbre basilique que Suger commençait à la même époque pour son abbaye de Saint-Denis. Toutefois, si l'on admet que dès 1138, au moment où s'élevaient les premières travées de Saint-Denis, deux ans avant que fût entrepris le fameux déambulatoire de Suger, l'emploi systématique de voûtes gothiques était résolu pour toutes les parties hautes de l'abbatiale blésoise, on comprendra quelle place occupe dans l'histoire de l'architecture ce monument, qu'il faut peut-être considérer comme une des premières églises de grandes dimensions destinées à recevoir des voûtes d'ogives (1), comme une des premières en tout cas par lesquelles l'art gothique fut introduit dans la région de la Loire.

(1) Il semble toutefois résulter de récents travaux que les voûtes d'ogives auraient été employées, même pour les vaisseaux principaux des grandes églises, à une date plus reculée que nous ne le pensions naguère. Mais la disparition de plusieurs édifices, l'ignorance où nous sommes des dates exactes de beaucoup d'autres, la difficulté de savoir, dans certains cas, si les voûtes n'ont pas été ajoutées après coup, commandent la plus grande prudence dans l'étude de cette question des origines des voûtes gothiques, qui est certes une des plus importantes, mais aussi une des plus difficiles de l'archéologie du moyen âge.

ÉLÉVATION D'UNE TRAVÉE
DE LA CATHÉDRALE
DE CHARTRES
ET D'UNE TRAVÉE DE
LA NEF DE SAINT-LOMER

IV

L'ACHÈVEMENT DE L'ÉGLISE AU XIIIe SIÈCLE

La nef et ses collatéraux. — Nous avons dit, on s'en souvient, que l'église fut terminée dans la première moitié du XIIIe siècle par la construction des quatre premières travées de la nef, de la façade et de ses deux tours. L'époque à laquelle furent repris les travaux n'était plus, comme celle où avaient été élevées les parties les plus anciennes de l'édifice, une époque de recherches et de tâtonnements. L'architecture gothique était maintenant universellement adoptée, ses méthodes étaient définitivement fixées, de nombreux et remarquables monuments offraient aux architectes d'incomparables modèles pour leurs nouvelles entreprises. Les bénédictins de Saint-Lomer avaient dû suivre notamment avec beaucoup d'attention les travaux de la cathédrale de leur diocèse, la célèbre cathédrale de Chartres, dont la construction, entreprise peu après l'incendie de 1194, avait dû précéder de quelques années seulement la reprise des ouvrages de l'église blésoise, et dont celle-ci s'est étroitement inspirée dans certaines de ses parties. Le style gothique angevin, par contre, qui a marqué de son empreinte tant d'églises rurales élevées vers la même époque dans la région blésoise (1), n'a eu ici aucune influence.

L'élévation intérieure de la nef en particulier rap-

(1) Cf. notre article : *Les influences angevines sur les églises gothiques du Blésois et du Vendômois*, dans le *Congrès archéologique de France*, 1910 (Angers et Saumur), t. II, p. 247).

pelle de très près celle de la cathédrale de Chartres. Comme à Chartres, les piliers sont formés d'une grosse colonne flanquée de quatre colonnettes avec chapiteaux à crochets (1), et au-dessus de chacune de ces piles s'élève un faisceau de cinq colonnettes engagées, qui reçoivent la retombée des voûtes. Comme à Chartres, au-dessus des grandes arcades en tiers-point et à double voussure règne un triforium peu élevé formé d'une série de petites arcades semblables entre elles supportées par des colonnettes de même diamètre. Comme à Chartres, l'étage supérieur est percé dans chaque travée de deux fenêtres jumelles en tiers-point, sans aucune mouluration, que surmonte un oculus à remplage polylobé et ajouré de trèfles. Comme à Chartres, chaque travée est couverte d'une voûte d'ogives dont les nervures et les doubleaux sont ornés de deux tores dégagés par des cavets.

Toutefois les proportions ne sont pas les mêmes et, malgré ces analogies, l'effet d'ensemble est assez différent. En effet, les travées ont ici à peu près la même largeur qu'à Chartres, mais une élévation beaucoup moindre. Il en résulte que les grandes arcades prennent une importance plus considérable par rapport à leurs piles diminuées de hauteur, que le triforium moins élevé a reçu cinq arcades au lieu de quatre, que les fenêtres sont moins hautes et l'oculus supérieur très réduit et simplifié (2), que l'ensemble est moins élancé, plus

---

(1) Au point de jonction entre la partie du XIIIe siècle et celle du XIIe, les arcades reposent sur un tronçon de colonnette engagé dans le pilier du XIIe siècle et établi en encorbellement sur un culot sculpté.

(2) Cette disposition des fenêtres hautes rappellerait plutôt celle de la cathédrale de Soissons, avec laquelle la nef de Saint-Loiner présente aussi beaucoup d'analogies. — Signalons aussi que les oculi de la quatrième travée ne sont pas exactement circulaires, mais ont la forme d'un hexagone aux côtés légèrement incurvés.

Cl. Dr Lesueur

MODILLONS DE LA COURSIÈRE

trapu, plus robuste, mieux en harmonie d'ailleurs avec l'édifice du XIIe siècle qu'il s'agissait de compléter et aux proportions duquel on chercha à se conformer dans la mesure du possible. On observera cependant que l'architecte du XIIIe siècle a donné aux grandes arcades un développement un peu plus grand que celui du XIIe et que, par contre, la galerie du triforium, établie à l'échelle humaine, est sensiblement plus basse que les arcatures correspondantes des parties de l'édifice élevées au siècle précédent.

Les collatéraux de la nef sont de largeur inégale : celui du sud est sensiblement plus étroit que celui du nord. On fut sans doute amené à le réduire ainsi pour laisser plus de place à la galerie du cloître contiguë à l'église, qui passe, comme nous le verrons, à travers les contreforts même de l'édifice.

On retrouve dans ces bas-côtés différentes analogies avec la cathédrale chartraine, notamment l'emploi de clefs de voûtes ajourées et, à certains piliers, de colonnettes octogones. Les retombées sont supportées extérieurement par des faisceaux de cinq colonnettes engagés dans les murs latéraux. Les nervures sont ornées d'un tore unique ; les doubleaux, en arc brisé très surélevé, ne présentent par contre aucune mouluration. Chaque travée est éclairée par une fenêtre en tiers-point flanquée de deux colonnettes.

La première travée de la nef, dont les collatéraux sont surmontés par les tours, est légèrement différente des autres. Elle est plus longue. Les piles qui portent le poids des tours sont beaucoup plus fortes et flanquées de nombreuses colonnettes. Les grandes arcades et les doubleaux sont plus épais et garnis d'une triple voussure. Le triforium a sept arcades au lieu de cinq. Les parties hautes, quoique aveuglées par les tours, sont ornées de fausses fenêtres reproduisant le dessin des autres fenêtres de la nef, mais flanquées de colonnettes. Cette travée est divisée actuellement dans sa hauteur par une tribune d'orgue, qui porte la date de 1759. Celle-ci masque la galerie du triforium, qui se continue au revers de la façade au-dessus du grand portail.

Pour donner plus d'assise à la tour méridionale et pour que les gros piliers qui la supportent n'obstruent pas complètement l'étroit collatéral sud, on dut les déplacer légèrement vers la nef. Aussi la première travée n'est-elle pas exactement dans l'axe du reste de l'édifice et le mur latéral sud de la travée suivante présente-t-il une obliquité assez marquée.

La décoration de cette partie de l'église est fort simple. Les chapiteaux ornés d'un ou deux rangs de crochets, les tailloirs dont le profil se compose le plus souvent d'un filet, d'une baguette et d'un large cavet, les bases, avec leur scotie creusée en gorge profonde et leur tore inférieur très déprimé et débordant le socle, sont d'un bon style, mais ne diffèrent pas de ce qu'on trouve un peu partout dans les monuments de cette époque.

A l'extérieur, les travées du xiiie siècle, nous l'avons déjà fait observer, sont sensiblement plus hautes que la construction du xiie, bien que la hauteur sous voûtes des deux parties de l'édifice soit à peu près la même. Les fenêtres basses sont encadrées de trois voussures non moulurées. Les fenêtres géminées et les oculi de l'étage supérieur sont réunis sous une même archivolte ornée d'un tore et reposant sur deux colonnettes. Les fenêtres géminées n'ont aucune mouluration ; les oculi sont entourés d'une gorge semée de fleurettes. Une corniche ornée de crochets couronne les murs de la grande nef et des bas-côtés.

Chaque travée est contrebutée par deux arcs-boutants superposés. L'arc supérieur porte directement sur le contrefort de la nef ; l'arc inférieur s'appuie sur un ressaut de ce contrefort supporté par une colonne engagée. Les culées sont ornées sur leur face extérieure d'une petite arcature reposant sur deux colonnettes. Elles sont percées au-dessus de la corniche du collatéral d'une ouverture permettant de circuler dans le chéneau d'un bout à l'autre du bas-côté. Des ouvertures semblables pratiquées dans les contreforts permettent la circulation à la base des fenêtres hautes de la nef. Les culées du côté sud font une saillie très prononcée sur le collatéral méridional ; elles sont percées à leur partie inférieure de larges ouvertures en tiers-point, sous lesquelles passait autrefois la galerie du cloître adossée à l'église (v. la coupe, p. 37).

Le comble de la nef a une belle charpente à chevrons portant ferme dans la tradition de la fin du moyen âge. Si l'on en croit dom Noël Mars (1), cet ouvrage n'aurait été exécuté qu'au commencement du XVIIe siècle pour remplacer la charpente ancienne incendiée par les huguenots. C'est là un curieux exemple de la persistance jusqu'à une époque assez tardive des modes de construction des charpentiers gothiques.

La façade. — La façade occidentale, quoiqu'elle soit vraisemblablement la partie de l'édifice qui fut élevée en dernier, ainsi qu'en témoigne le détail de sa décoration, présente dans son ensemble une nudité, une sévérité qui inciteraient au premier abord à la vieillir davantage. Quatre puissants contreforts la divisent en

(1) *Op. cit.*, p. 251. « La nef qui avoit esté descouverte depuis 1568, fut par luy [Guillaume Fouquet de La Varenne, abbé de 1606 à 1616] recouverte en la façon qu'elle est à présent ».

trois parties de largeur inégale, une partie centrale et deux tours. La tour du sud, comme le bas-côté au-dessus duquel elle s'élève, est beaucoup plus étroite que celle du nord.

A ces trois parties correspondent trois portails dont les dimensions sont aussi fort différentes. Il est bien douteux d'ailleurs que ces trois portes s'ouvrissent primitivement comme aujourd'hui sur un même parvis. En effet, tandis que la porte sud répond au niveau du sol actuel, on a dû pour égaliser celui-ci déchausser de $0^m,80$ les fondations des deux autres. Les uns et les autres ont été d'ailleurs fort mutilés, probablement au XIVe siècle lorsqu'ils furent murés pour mettre l'église en état de défense.

Le portail central était orné de chaque côté de trois grandes statues posées sur des colonnettes et abritées par des dais. Il ne subsiste plus que la base des colonnettes et les dais ornés de fenêtres, de gâbles, de niches et de clochetons, reproduisant à une échelle réduite les éléments décoratifs des monuments contemporains. Ce portail avait certainement aussi un trumeau et un tympan sculpté. Détruits depuis longtemps, ils ont été remplacés en 1643 par une assez belle porte de bois sculpté ornée de grands cartouches dans le style de cette époque.

Les seules parties de la décoration primitive qui soient encore à peu près intactes sont les archivoltes ornées de trois rangs de statuettes abritées sous des dais. Le premier rang figure les anges, le second les apôtres, le troisième les évêques et les confesseurs. Les anges sont au nombre de dix. Deux d'entre eux sont des chérubins à six paires d'ailes. Les autres sont vêtus de longues robes aux plis souples ; plusieurs tiennent des trompettes, ce qui laisse à penser que le tympan représentait le jugement dernier. Les douze apôtres, dont quelques uns sont reconnaissables à leurs attributs, ne sont pas traités avec moins d'art. Toutes les statuettes de ces deux premières archivoltes occupent chacune un seul claveau, dans lequel elles ont probablement été taillées avant la pose. Celles de la troisième rangée, au nombre de dix, sont sculptées au contraire dans deux claveaux différents, et il en résulte pour quelques-unes d'entre elles des fautes de proportions assez choquantes. Une quatrième archivolte, encadrant extérieurement les trois autres, est ornée simplement d'un rang de moulures que borde une gorge semée de fleurettes.

Le portail septentrional, comme le portail central a perdu les quatre grandes statues qui le décoraient primitivement et dont il ne subsiste plus que les dais. Le tympan est orné de branchages sortant de la gueule d'un dragon et sur lesquels sont posés des oiseaux, motif où l'on a voulu reconnaître, à tort ou à raison, le *péridéxion* (ou *paradison*) des bestiaires, arbre fabuleux sur lequel vivent des colombes, qui sont heureuses tant qu'elles y demeurent, mais sont dévorées, dès qu'elles en sortent, par un dragon qui veille au pied (1). Les quatre archivoltes sont décorées les unes de moulures et les autres d'un rang de feuillage. Ce portail est actuellement fermé en partie par un mur de moyen appareil, dans lequel est percée une ouverture de dimension beaucoup plus réduite. Ce mur date certainement du moyen âge ; c'est peut-être un vestige des travaux exécutés au XIVe siècle, lors de l'approche des Anglais.

Le portail sud resserré entre les deux contreforts de

(1) Laurand, *op. cit.*, p. 451.

la tour est beaucoup plus petit que les deux autres. Il est flanqué de chaque côté de deux colonnettes. Son tympan, qui n'est pas sculpté, est encadré de deux archivoltes moulurées.

Au-dessus de ce triple portail règne. dans toute la largeur de la façade, une galerie de circulation ouverte par une série de petites arcades en tiers-point reposant sur une rangée de colonnettes, tout à fait comparable au triforium intérieur. C'est là une disposition fort exceptionnelle et dont nous ne saurions guère pour notre part citer d'autre exemple (1). Les colonnettes ont des chapiteaux à crochets, dont plusieurs ont été refaits de nos jours. Dans la partie centrale, la base de cette galerie est accusée par une corniche ornée de crochets ; dans la partie sud, elle repose sur un arc en tiers-point bandé entre les contreforts de la tour.

Au-dessus de la galerie la partie centrale de la façade est percée de quatre baies en tiers-point surmontées d'une grande rose, le tout encadré d'une large archivolte en plein cintre ornée d'un tore et reposant sur deux colonnettes engagées. La rose est garnie d'un remplage flamboyant de style assez médiocre, qui date du XVIIe siècle. Plus haut s'ouvre une petite fenêtre qui éclaire le comble. Deux grosses gargouilles à figures monstrueuses accotées aux contreforts étaient destinées à rejeter les eaux qui se déversaient entre la toiture de la nef et les tours.

Chacune des tours est percée sur sa face occidentale d'un oculus semblable à ceux de la nef (2), surmonté d'une

---

(1) Il existait, semble-t-il, une galerie de ce genre au-dessus du porche de l'église de la Couture au Mans, mais la partie centrale en a été détruite pour faire place à la grande fenêtre du XIVe siècle qui occupe actuellement le milieu de la façade.

(2) L'oculus de la tour méridionale est masqué actuellement par le cadran de l'horloge.

fenêtre en tiers-point flanquée de colonnettes. Sur leurs faces latérales c'est au contraire l'oculus qui surmonte la fenêtre en tiers-point, et chacun d'eux est encadré d'une archivolte reposant sur deux colonnettes.

Les contreforts des tours, qui divisent la façade occidentale, sont à double ressaut ; la plupart ont leurs angles abattus et ornés de deux tores qui s'amortissent à la partie inférieure en se réunissant sur l'arête, suivant un dessin que nous avons signalé dans certains piliers de l'église du XIIe siècle (V. fig. p. 53). La persistance des traditions romanes s'accuse plus nettement encore dans la corniche qui couronne les deux tours au-dessous de l'étage du beffroi et où les modillons à figures grotesques des corniches romanes alternent avec les crochets du XIIIe siècle.

L'intérieur de chaque tour, depuis la voûte du collatéral jusqu'à la base du beffroi, est occupé par une salle unique très élevée, couverte d'une voûte d'ogives reposant sur de hautes et minces colonnettes d'angles. Cette salle était divisée primitivement en trois étages par des planchers, dont le niveau est indiqué par les corbeaux qui les supportaient et par l'emplacement des portes et des fenêtres. Les tours sont flanquées chacune d'une tourelle d'escalier : celle de la tour nord part du sol ; celle de la tour méridionale commence seulement au niveau du premier étage, auquel on accède de l'autre tour par la galerie de circulation de la façade.

Les deux tours se terminent par un dernier étage servant de beffroi, et, bien qu'elles soient de largeur fort inégale, on a donné au beffroi du clocher méridional les mêmes dimensions qu'à celui du clocher nord. Aussi est-il fortement désaxé par rapport au reste de la tour et ses contreforts d'angle ne sont-ils pas dans l'alignement des contreforts de la façade (1). Les deux beffrois s'ouvrent largement sur chaque face par deux grandes baies géminées en tiers-point à quatre archivoltes retombant sur des faisceaux de colonnettes ; trois de ces archivoltes sont ornées d'un tore et la quatrième d'une gorge semée de fleurettes. L'étage est encore couronné par une corniche à modillons grotesques et crochets alternés.

Ces clochers devaient être surmontés de hautes flèches de pierre avec lanternons d'angle, qui ne furent peut-être jamais achevées. En tout cas une partie de la flèche de la tour nord subsistait encore au xviie siècle; elle est bien visible sur les dessins de cette époque (2) et elle ne fut démolie qu'en 1698. Elle avait encore 40 pieds de haut et elle était destinée à en avoir 80 (3). Les clochers sont couverts aujourd'hui de hautes pyramides de charpente élevées de nos jours.

V

ADDITIONS POSTÉRIEURES — ŒUVRES D'ART

La chapelle de la Vierge et la chapelle du gouverneur. — Depuis son achèvement au xiiie siècle, l'édifice n'a reçu que peu de transformations et celles-ci altèrent à peine l'aspect général du monument, dont l'ensemble demeure très homogène. Nous avons signalé cependant

(1) Notons aussi la plantation légèrement oblique du beffroi de la tour nord par rapport à la base de la tour.

(2) Vue de Blois de Claude Maugier, fig. p. 15 ; on l'aperçoit aussi dans la *Veue du chasteau de Blois* gravée par Israël Silvestre en 1672.

(3) *Livre des choses mémorables....*, fo 83 vo.

qu'une chapelle du XIVe siècle dédiée à la Vierge avait remplacé la chapelle absidale romane. Elle comprend deux travées rectangulaires et une abside à cinq pans. Les travées rectangulaires sont couvertes de voûtes d'ogives simples et l'abside d'une voûte à six nervures. Les doubleaux et les branches d'ogives ornés d'un tore unique sont supportés dans l'abside par des colonnettes d'angle et dans les autres travées par des faisceaux de trois colonnettes à petits chapiteaux ornés de feuillages. Cette chapelle avait subi d'importantes modifications au XVIIe siècle (1) ; on a cherché au siècle dernier à lui rendre plus ou moins exactement son aspect ancien en débouchant les fenêtres qui avaient été murées et en restituant les remplages du XIVe siècle.

Sous cette chapelle s'étend un caveau obscur et peu élevé, divisé en deux parties, la première, sous les travées droites, couverte d'un simple berceau, la seconde, sous l'abside, voûtée d'ogives. Ce caveau est contemporain de la chapelle ,dont il adopte exactement le plan. Il ne faut pas voir là une crypte, ni même, croyonsnous, un caveau funéraire, quoiqu'il reçut peut-être plus tard cette affectation (2), mais un simple procédé de construction destiné à protéger la chapelle de l'humidité causée par les infiltrations de la Loire.

Plus curieuse est la petite *chapelle du gouverneur* bâtie pour Guy Pot entre 1494 et 1504. Cette construc-

---

(1) « Quelque temps après [le 29 mai 1632] l'on transféra l'image de Nostre-Dame de Bonne-Nouvelle, qui estoit dans les cloistres, en la chapelle de Nostre-Dame, laquelle on fit accommoder comme elle est à présent ». Noël Mars, *op. cit.*, p. 270. — « Le 14 may de l'année 1644 fut achevé un balustre de pierre à la chapelle Nostre-Dame faict à deux faces dont le portique est d'ordre de Corinthe et la cloison d'ordre ionique ». *Id.*, p. 275.

(2) Nous avons vu, en effet, que c'est là que furent inhumés Isabelle de France et divers autres personnages.

tion, complètement indépendante du reste de l'église, s'élève au nord-est de la chapelle absidale du XIVᵉ siècle, avec laquelle elle ne communique que par une porte pratiquée dans un de ses angles. Elle comprend seulement deux travées rectangulaires couvertes de voûtes d'ogives à liernes et tiercerons. Les nervures prismatiques d'un profil fin et élégant retombent sur des dais flamboyants ornés de petites accolades et de multiples fleurons. Chaque travée avait une clef de voûte principale entourée de quatre clefs plus petites à la rencontre des liernes et des tiercerons. Il s'agissait là de clefs pendantes sculptées, uniquement décoratives et scellées après coup à l'intersection des nervures. Toutes ces clefs ont malheureusement disparu et seuls les trous de scellement témoignent de leur présence ancienne. L'autel adossé au mur de fond était abrité dans un enfoncement que surmonte un arc surbaissé et une accolade ; celle-ci est ornée d'un fleuron, de crochets de feuillages finement découpés et d'un écusson qui portait sans doute autrefois les armes du fondateur. Extérieurement les fenêtres étaient encadrées d'un élégant décor flamboyant de gables et de pinacles, dont quelques vestiges sont encore visibles sur la face sud du monument.

Aucun élément italianisant ne se mêle à cette décoration encore entièrement gothique, ou du moins à ce qu'on peut en voir aujourd'hui, car d'autres ornements sont peut-être cachés par les boiseries modernes (1). Cette chapelle eut, en effet, depuis sa construction bien des vicissitudes. En 1682, elle fut concédée par les religieux à Jean-Jacques Charron, marquis de Menars,

(1) M. Laurand (*op. cit.*, p. 453) parle de « pilastres ornés de panneaux ».

beau-frère de Colbert, qui y avait fait élection de sépul-
ture et devait y élever un mausolée, sans toutefois pou-
voir « rien oster de ce qui se trouvait des armes, sé-
pulchre et tombeau » de messire Guy Pot (1) ; ce projet
fut d'ailleurs abandonné. Depuis cette époque, non
seulement la chapelle fut fort dégradée, mais elle a été
transformée en sacristie et est actuellement divisée en
deux étages, coupée par des cloisons, encombrée par
un escalier et des placards. Il serait vivement à souhaiter
qu'elle fût débarrassée et rendue à sa destination
primitive.

Le mobilier et les œuvres d'art. — Il ne reste presque
rien aujourd'hui des œuvres d'art qui décoraient autrefois Saint-Lomer, bien peu ayant survécu aux destructions et aux pillages des guerres de religion. L'église
était alors, comme tant d'autres, ornée d'un jubé, dont
nous ne savons d'ailleurs rien, sinon qu'il dut être
grandement mutilé par une restauration de 1615 (2)
et sans doute complètement détruit peu de temps après.
A l'entrée du chœur, probablement au-dessus du jubé,
il y avait une « poutre de gloire » surmontée d'un crucifix ; c'était, semble-t-il, à la fin du XVIIᵉ siècle, une
œuvre ancienne et démodée, car on la fit alors enlever
pour la mettre dans le dortoir (3).

(1) Arch. dép. de Loir-et-Cher, 11 H. 13.
(2) Arch. dép. de Loir-et-Cher, 11 H. 18. Le maître maçon
Claude La France est payé « de la besongne par luy faicte en
l'église » pour « avoir abattu la charpenterie et un armage de
bois qui estoit au-dessus du jubé de ladicte église, avoir abattu
la muraille qui estoit au-dessoubz dudict armage à la hauteur de
la corniche dudict jubé et razé icelle à plomb et enduite ».
(3) Arch. dép. de Loir-et-Cher, 11 H. 10, f° 88. En 1624, le
grand prieur Curce Pelletier est inhumé dans la nef de l'église,
devant le crucifix, au pied de la marche faisant l'entrée du grand
chœur. — *Livre des choses mémorables…, id.*, 11 H. 3, f° 85 r°.
Le 26 mars 1699 « on a fait oster du devant du chœur une grande
pièce de bois sur laquelle étoit un crucifix qu'on a fait mettre au
dortoir ».

Si l'on en croit dom Noël Mars, l'église possédait anciennement trois pièces « de tapisserie relevée de soye où estoit la vie de Nostre Seigneur, de Nostre Dame et de Sainct Lomer », qui auraient été transportées en Angleterre et se trouvaient au xviie siècle à Saint-Paul de Londres (1). Il est certain en tout cas que l'abbaye acheta en 1662 « huict pièces de tapisserie de haute lice » représentant « la dévote histoire de Tobie » (2). Les inventaires de cette époque nous révèlent aussi l'existence des divers autres ornements précieux, notamment une chape « de broderie ancienne où est la vie de saint Laumer » (3).

Tout cela a disparu. Le seul monument qui ait décoré autrefois l'église et qui y soit encore conservé est le retable de l'autel de Sainte-Marie-l'Égyptienne dans un des collatéraux septentrionaux du chœur. C'est un bas-relief de pierre que fit exécuter Jean de Prunelé, qui fut abbé de Saint-Lomer de 1447 à 1467 (4). Il représente différentes scènes de la vie de la sainte au désert : sainte Marie d'Égypte vêtue seulement de sa longue chevelure rencontre l'ermite Zozyme ; celui-ci lui donne la communion ; l'ermite aidé d'un lion la met au tombeau. L'abbé de Prunelé, reconnaissable aux armoiries de son prie-Dieu (de gueules à six annelets d'or), à la chape dont il est vêtu et à la crosse abbatiale, est agenouillé dans l'angle inférieur gauche. Aux angles supérieurs des angelots portent des écussons aux armes des Prunelé.

Ce bas-relief est d'ailleurs en fort mauvais état de

(1) Noël Mars, *op. cit.*, p. 413-414.
(2) *Livre des choses mémorables...*, fo 37 ro.
(3) Arch. dép. de Loir-et-Cher, 11 H. 122, inventaire du mobilier de l'abbaye en 1686.
(4) Noël Mars, *op. cit.* p. 391-392.

conservation. Les têtes de tous les personnages, les armoiries et diverses autres parties qui avaient été détruites ont été refaites de nos jours. La peinture dont il était primitivement revêtu a également disparu. Il est surtout intéressant par la façon fort naïve, mais assez pittoresque et « amusante » dont est traité le paysage. Un décor ingénu d'arbustes en forme d'artichauts, de rochers qui s'étagent sans aucune perspective et qui portent à leur sommet un petit oratoire, de cours d'eau coulant verticalement du haut en bas du tableau, évoque en signes convenus les lieux où se déroulent les épisodes légendaires plutôt qu'il ne cherche à donner l'illusion même de la nature. Il s'agit là d'une œuvre d'inspiration flamande, sinon exécutée par une main flamande, et que M. Vitry (1) a pu rapprocher très justement du linteau sculpté où sont figurées les légendes de saint Christophe et de saint Hubert à la façade de la chapelle du château d'Amboise.

Si Saint-Lomer a perdu la plupart de ses œuvres d'art anciennes, ce monument s'est enrichi par contre des dépouilles de plusieurs autres églises détruites pendant ou peu après la Révolution. C'est de l'église de Bourgmoyen que vient le groupe de l'Assomption qui occupe le fond de la chapelle absidale (2). La Vierge y est représentée montant aux cieux entre deux anges qui tendent les bras vers elle et au-dessus de deux autres figures d'angelots qui émergent des nuages sur lesquels elle s'élève. On ignore l'auteur de cette œuvre

---

(1) *Michel Colombe et la sculpture française de son temps*, Paris, Librairie centrale des Beaux-Arts, 1901, p. 246.

(2) Abbé Voisin, *op. cit.*, p. 41 ; Laurand, *op. cit.*, p. 457. L'église Notre-Dame de Bourgmoyen occupait l'emplacement actuel du marché et de la salle de gymnastique du collège.

un peu molle, mais non sans grâce, qui peut dater de la fin du XVIIe siècle.

Le maître-autel de l'époque de Louis XIV et ses belles torchères en bois sculpté et doré ornées de figures de dauphins étaient ceux de la collégiale Saint-Sauveur (1). L'église possède également un beau parement d'autel en broderie du XVIIe siècle, dont le médaillon central représente le Christ nourri par les anges. Une Madeleine pénitente en pierre, qui se voit au bas d'une fenêtre du déambulatoire, provient de l'ancien couvent des Carmélites (2). Plusieurs inscriptions funéraires placées dans le collatéral nord de la nef se trouvaient autrefois dans l'église Saint-Honoré (3). Signalons encore : au quatrième pilier de la nef du côté droit, une inscription du XIVe siècle relatant une fondation faite en l'église Saint-Lomer par Pierre de Morvilliers; au pilier qui fait face à celui-ci, un bas-relief emphatique et assez médiocre du XVIIe siècle représentant la mort de la Vierge; dans une des chapelles rayonnantes, un bâton de confrérie du XVIIe siècle.

Dès le moyen âge Saint-Lomer devait posséder des orgues, dont il est fait mention en 1539 et qui furent détruites par les huguenots en 1568 ; un nouvel instrument, acheté en 1760 au célèbre facteur Isnard, fut à son tour détruit pendant la Révolution. Le grand orgue actuel date seulement de 1858 (4).

---

(1) Laurand, *op. cit.*, p. 457. L'église Saint-Sauveur s'élevait dans l'avant-cour du château (place du Château actuelle). Quatre torchères seulement proviennent de Saint-Sauveur ; les deux autres sont modernes.

(2) *Id.*, p. 457. Le couvent des Carmélites occupait avant la Révolution l'emplacement actuel de la gendarmerie.

(3) *Id.*, p. 455. L'église Saint-Honoré occupait l'emplacement actuel de la place Saint-Honoré.

(4) Brosset, *Les orgues du royal monastère de Saint-Laumer*, Blois, Migault, 1906, et *Jean-Baptiste Isnard*, Blois, Duguet, 1921.

Le seul vitrail de quelque valeur que possède l'église garnit une des fenêtres du déambulatoire ; c'est encore une œuvre d'emprunt, qui provient de l'église d'Ardon (Loiret). Une inscription relate qu'il a été donné en 1600 par Charles de La Saussaye, doyen de l'église d'Orléans. C'est une grisaille qui représente un calvaire entre Saint-Pierre et Saint-Denis, avec deux angelots portant les armes du donateur. Un Christ du XVII[e]siècle réemployé dans une autre verrière du déambulatoire décorait autrefois la fenêtre centrale de l'abside. Tous les autres vitraux sont modernes ; la plupart ont été exécutés par M. Jules Laurand, l'auteur de la notice archéologique que nous avons signalée (1).

Primitivement l'église devait en outre comporter, au moins dans certaines de ses parties, une décoration peinte. Des fragments en auraient été retrouvés sous le badigeon dans une des chapelles rayonnantes et auraient servi de base à une restitution plus ou moins fantaisiste exécutée dans cette chapelle de 1852 à 1857 (2).

VI

L'ABBAYE

Vestiges de l'abbaye du moyen âge. — Les destructions des guerres de religion et les reconstructions du XVIIe et du XVIIIe siècles n'ont laissé subsister que peu de choses de l'abbaye du moyen âge. Des vestiges du

---

(1) J.-L. [Jules Laurand], *Les vitraux de l'église abbatiale de Saint-Laumer*, dans le *Loir-et-Cher historique*, 1897, col. 216.
(2) La Saussaye, *Blois et ses environs*, Paris, Aubry, 1882, p. 50.

cloître du XIIIe siècle et le bâtiment qui renfermait les celliers et greniers de l'abbaye sont cependant parvenus jusqu'à nous.

Le cloître du XIIIe siècle, qui avait succédé, semble-t-il, à un autre plus ancien, dont il est fait mention dans un intéressant cérémonial de l'abbaye de la fin du XIIe siècle (1), avait été construit en même temps que la nef de l'église et les dispositions d'une de ses galeries sont encore très apparentes le long du collatéral méridional. Cette galerie, comme nous l'avons dit en décrivant la nef, traversait les culées des arcs-boutants, qui sont percées à cet effet de larges arcades un tiers-point. A chaque travée de la nef correspondaient deux travées du cloître voûtées d'ogives ; les formerets adossés au mur de l'église et les chapiteaux des colonnettes qui recevaient les retombées de la voûte sont encore en place. Ces colonnettes étaient géminées au niveau des arcades percées dans les contreforts et simples au niveau des arcs doubleaux intermédiaires. Les corbeaux qui supportaient la charpente et les solins visibles sur les contreforts au dessus des arcades indiquent les dispositions de la toiture.

Le cloître du moyen âge était plus petit que celui du XVIIe siècle. Le bâtiment qui le bordait à l'est a disparu, mais l'emplacement en est indiqué par un solin qui subsiste sur un contrefort à l'angle sud-ouest du transept. La construction à laquelle il était adossé du côté de l'ouest a au contraire échappé à la destruction. Il est vrai qu'elle ne nous est parvenue que fort altérée par les nombreuses transformations qu'elle a subies et qu'il faut quelque attention pour en restituer l'état primitif.

(1) Arch. dép. de Loir-et-Cher, 11 H. 2, f° 2 v°.

Cl. Dr Lesueur

TRAVÉES DE LA NEF

Cl. Dr Lesueur

FAÇADE OCCIDENTALE

Des documents, qui ne remontent pas d'ailleurs au-
delà du XVIIe siècle, désignent ce bâtiment comme le
cellier et le grenier du monastère (I), et il est pro-

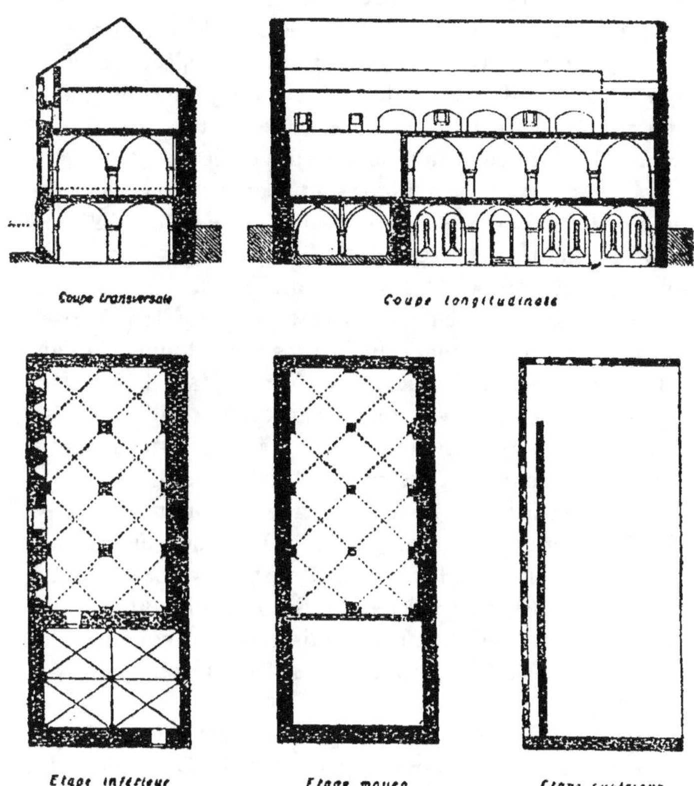

COUPES ET PLANS DU BATIMENT DES CELLIERS
ET GRENIERS DE L'ABBAYE (restitution)

bable que telle a toujours été sa destination. L'étage
inférieur, qui servait de cellier, est aujourd'hui assez

(I) Cf. p. 75 et 78. La *Monasticon Gallicanum* appelle
ce bâtiment *cella vinaria*.

7

profondément enterré, mais était à l'origine en contrebas de quelques marches seulement par rapport au sol extérieur. Il comprend deux salles. Celle du nord, la plus grande, nous paraît dater du XIIe siècle, encore que l'absence de toute décoration ne permette guère d'être très affirmatif à ce sujet. Elle est couverte d'une voûte d'arêtes sans doubleaux supportée par trois piliers centraux rectangulaires et par des pilastres de même forme adossés aux parois. Elle était éclairée par de hautes et très étroites ouvertures fortement ébrasées et groupées par deux dans chaque travée. Des baies de ce genre, trop étroites pour permettre le passage d'un homme, mais suffisantes pour donner de l'air et de la lumière à un local assez vaste, étaient alors fréquemment employées pour éclairer les celliers et les magasins de provision ; nous en avons noté de semblables, sans quitter la région blésoise, à l'abbaye de Pontlevoy, à l'abbaye d'Aiguevive, au prieuré de Mesland, au prieuré de Marigny, etc. La salle voisine date du XIIIe siècle. De plan carré, elle est couverte de quatre travées d'élégantes voûtes d'ogives retombant sur une colonne centrale et sur des faisceaux de colonnes engagées, ornées les unes et les autres de chapiteaux à crochets.

Le premier étage est en grande partie occupé par une vaste salle, probablement du XIIe siècle, dont les voûtes d'arêtes s'appuient sur des pilastres engagés et sur trois colonnes centrales à chapiteaux frustes, qui ont malheureusement été diminuées dans leur hauteur par suite de l'exhaussement du sol.

A l'étage supérieur le mur ouest a été mis en état de défense au XIVe siècle par l'addition d'un chemin de ronde muni de créneaux et d'archères. Ce chemin de ronde est supporté par une série d'arcades surbaissées, dont les pieds-droits reposent sur les reins des voûtes du premier étage. Des archères étaient également ouvertes vers le nord, dans la direction de la façade de l'église, et une porte avait été pratiquée à la même époque pour mettre ce bâtiment en communication avec la galerie qui surmonte les portails de l'église et qu'on avait sans doute aussi l'intention d'utiliser pour la défense (1).

Les bâtiments du XVIIe et du XVIIIe siècles. — Presque toutes les autres parties de l'abbaye datent de la reconstruction de l'époque de Louis XIV. Les transformations et agrandissements nécessités par son utilisation comme hôpital n'en ont pas trop profondément altéré la physionomie. Le cloître, commencé en 1662 et terminé en 1714 sur l'emplacement de celui du XIIIe siècle, au sud de la nef de l'église, a, malgré quelques additions récentes, assez bien conservé son ancien aspect. Les arcades en plein cintre de la galerie du rez-de-chaussée, les fenêtres du premier étage et les lucarnes à frontons alternativement cintrés et triangulaires présentent une décoration de bossages déjà un peu désuète à l'époque où furent élevées ces constructions et s'inspirant sans doute des travaux exécutés à l'abbaye en 1626 et disparus aujourd'hui.

L'aspect général de la cour d'entrée actuelle a, au contraire, été complètement modifié au XIXe siècle par la construction de l'aile occidentale, par l'addition du motif d'architecture à pilastres doriques, qui occupe le milieu de la grande façade, et par l'érection de la grille

---

(1) Le chemin de ronde était encore utilisé au XVIIe siècle. En 1643, en effet, le procureur du roi fit opposition « à la démolition d'une galerie qui régnoit le long du bâtiment dessus les fossez et le long de l'église de Saint-Laumer, parce qu'elle servoit à faire la ronde dans le besoin ». Arch. dép. de Loir-et-Cher, 11 H. 125. f°s 378-379.

et de ses deux pavillons. On a fait ainsi un vaste ensemble symétrique, assez banal à la vérité, de la vieille cour irrégulière bordée jadis par l'éperon du XVIe siècle et les anciens remparts, dont le pied baignait dans les eaux de la Loire. Les fenêtres à bossages et les lucarnes à frontons alternativement cintrés et triangulaires, que nous avons signalés dans le cloître, se retrouvent d'ailleurs ici, non seulement dans les bâtiments anciens qui forment le fond et le côté droit de la cour, mais encore dans ceux qui furent élevés symétriquement au XIXe siècle, et il n'est pas sans intérêt de constater la perpétuité d'âge en âge de cette architecture Louis XIII dans un édifice où il n'existe plus depuis longtemps aucune construction de cette époque.

Mais la partie la plus remarquable de cet ensemble un peu disparate, celle qui séduit immédiatement le regard par la sobre élégance de ses lignes, par l'ampleur et la pureté de ses proportions, est la façade sur le jardin du grand corps de logis élevé au début du XVIIIe siècle dans le prolongement du transept de l'église. Cette belle construction, pour laquelle, nous l'avons vu, les religieux avaient fait appel au célèbre architecte de Caen, Guillaume de La Tremblaye, aligne au rez-de-chaussée une longue file de baies en plein cintre à clefs saillantes et à impostes et archivoltes moulurées. Au premier étage, les fenêtres au linteau bombé sont encadrées d'un simple bandeau plat et séparées entre elles par des tablettes saillantes sur le nu de la muraille. Une fenêtre sur deux est surmontée d'une lucarne à fronton triangulaire accostée de volutes renversées. Au centre, un avant-corps à bossages est percé au rez-de-chaussée d'une porte que surmonte un cartouche et au premier étage d'une large fenêtre à balcon de ferronnerie. Au sommet de la haute toiture s'élevait autrefois un petit campanile de charpente, qui a été transporté au siècle dernier sur la nouvelle façade de la cour d'entrée.

A l'intérieur, la partie du XVIIe siècle présente au rez-de-chaussée une suite de belles salles voûtées, dont nous avons indiqué déjà la destination primitive. L'une d'elles (salle des médecins actuelle) conserve encore une cheminée surmontée d'une glace avec un trumeau peint qui date de 1725, époque à laquelle cette salle fut restaurée (1). Mais les salles les plus vastes et les mieux ordonnées sont celles de l'aile du XVIIIe siècle. Au rez-de-chaussée, l'ancien réfectoire (salle Saint-Laurent) est couvert de voûtes d'arêtes supportées par deux rangées de colonnes. Au premier étage, le dortoir des moines (salle Corbigny), long de 70 mètres, est divisé latéralement en cellules communiquant entre elles et avec la partie centrale de la salle par de grandes arcades de pierre destinées sans doute à être fermées par des rideaux. Ce bâtiment est desservi par deux escaliers de pierre à rampes de fer forgé.

Devant la grande façade de Guillaume de La Tremblaye, le jardin, divisé en compartiments réguliers par deux grandes allées se coupant en croix et entouré sur trois côtés de terrasses basses, avait, malgré de nombreuses mutilations, conservé jusqu'à ces derniers temps les grandes lignes de son ordonnance. Celle-ci a été définitivement anéantie par la construction des bâtiments neufs le long de la rue Robert-Houdin. Néanmoins, l'élégante façade du XVIIIe siècle aux lignes sobres et pondérées compose encore, avec le chevet de l'église et le château qui les domine, un ensemble d'une

____

(1) Arch. dép. de Loir-et-Cher, 11 H. 4, f° 57 v°.

harmonie non concertée, que chaque génération a marqué de son empreinte et qui demeure un des sites les plus séduisants des bords de la Loire.

———————

TABLE DES GRAVURES

TABLE DES MATIÈRES

Blois, imp. J. de Grandpré et Cie

OUVRAGES DU MÊME AUTEUR :

Les cahiers de doléances du bailliage de Blois pour les États généraux de 1789, en collaboration avec A. Cauchie, ouvr. publié par le Ministère de l'Instruction publique, 2 vol., Paris, Leroux, 1907-1908.

Les fouilles du chateau de Blois, extrait du *Bulletin monumental*, t. LXXII, Caen, Delesques, 1908.

L'Assemblée de département de Blois et Romorantin (1787-1790), extrait des *Mémoires de la Société des Sciences et Lettres de Loir-et-Cher*, t. XX, Blois, Migault, 1910.

Vues des chateaux du Blésois au XVIIe siècle, par André Félibien, en collaboration avec Pierre Lesueur, extrait de *L'Architecture*, Paris, Massin, 1911.

Les influences angevines sur les églises gothiques du Blésois et du Vendomois, extrait du *Congrès archéologique de France* (session de *Saumur* et *Angers*), Caen, Delesques, 1912.

Menars, le chateau, les jardins et les collections de Mme de Pompadour et du marquis de Marigny, extrait des *Mémoires de la Société des Sciences et Lettres de Loir-et-Cher*, t. XXII, Blois, Breton, 1913.

Un peintre blésois : Henri Sauvage, Blois, Sille, 1920.

Le chateau de Blois, en collaboration avec Pierre Lesueur, dans la collection des *Notices historiques et archéologiques*, dirigée par M. Paul Vitry, Paris, Longuet, 1922.

Le cimetière de Saint-Saturnin, extrait de la revue *Blois et le Loir-et-Cher*, Blois, éditions du « Jardin de la France », 1922.

L'hotel de Mayenne au chateau de Blois, extrait des *Mémoires de la Société des Sciences et Lettres de Loir-et-Cher*, t. XXIV, Blois, Duguet, 1922.

Les fresques de Saint-Gilles de Montoire et l'iconographie de la Pentecote, extrait de la *Gazette des Beaux-Arts*, Paris, 1924.